유의경과 『세설신어』

심상환 지음

중국역사인물평전 04
유의경과 『세설신어』

김장환 지음

만든이 : 임성렬
만든곳 : 도서출판 신서원

초판1쇄 인쇄일 2007년 9월 10일
초판1쇄 발행일 2007년 9월 15일
주소·서울특별시 종로구
         교남동 47-2 (협신209호)
등록·제1-1805 (1994. 11. 9)
Tel (02) 739-0222 · 0223
Fax (02) 739-0224
E-mail sinseowon@naver.com
ISBN 978-89-7940-060-1

신서원은 부모의 서가에서
자식의 책꽂이로
'대물림'할 수 있기를 바라며
책을 만들고 있습니다.

劉義慶과『世說新語』

김장환 著

『유의경과 세설신어』를 펴내면서

　돌이켜보면 필자가 『세설신어』와 인연을 맺은 지가 20년이 넘는다. 1985년 대학원 석사과정에 입학하여 학위논문 주제를 정하기 위해 중국 고전문학 작품들을 훑어보다가 처음 접한 책이 유의경의 『세설신어』였다. 분량이 많아서 약간은 부담이 되긴 했지만, 우선 이야기의 호흡이 짧으면서도 긴 여운을 담고 있는 구성과 내용이 마음에 들었고 무엇보다도 군더더기가 없이 깔끔하게 쓰인 문체가 인상적이었다.

　그러나 『세설신어』를 제대로 연구하기 위해서는 위진시대의 문학·역사·철학에 대한 수준 높은 이해가 선행되어야 한다는 것을 얼마 되지 않아 곧 깨닫게 되었다. 이 세 분야를 아우르기에는 당시 필자의 학문역량이 턱없이 부족했고 몇 년 사이에 가능한 일도 아니었다. 그래서 일단 문학 분야로 범위를 좁혀 논문을 마무리 지었지만, 늘 마음 한켠에 지워지지 않는 부끄러움이 남아 있었다. 그때까지 국내 학계에서 『세설신어』를 문학분야에서 연구한 논문이 없다는 점에서 그나마 위안을 삼을 수 있었다. 그러면서 언젠가 꼭 『세설신어』를 완역해 보겠다는 결심을 하고 틈나는 대로 「덕행」편부터 역주해 나갔다.

　대학원 박사과정에 입학해서는 『세설신어』를 중심으로 위진남북조 지인소설을 연구테마로 삼아 연구범위가 확대되었고 이런저런 일에 쫓겨 『세설신어』 번역을 잠시 접어두었다가, 박사학위를 받고 전임으로 취직하고 나서야 비로소 『세설신어』 번역에 전념할 수 있었다.

1996년에 드디어 『세설신어』 역주본 상권이 나왔고, 중권은 1997년, 하권은 2000년에 나옴으로써 『세설신어』 완역을 마무리 지었다. 『세설신어』가 완역된 뒤 자신의 일처럼 기뻐하며 격려해주신 전인초 선생님과 번역의 학문적 가치를 높이 평가해주신 김용옥 선생님, 그리고 하권이 나올 때까지 묵묵히 기다려주신 독자 제현들께 다시 한번 감사의 말씀을 드린다.

그 뒤 필자는 『세설신어』의 국내전래와 수용양상에 대해 관심을 갖고 연구를 진행했으며, 『세설신어』의 대표적인 속서 가운데 하나인 『세설신어보』에 대해서도 논문을 발표했다.

『유의경과 세설신어』는 전체를 새롭게 쓴 책이 아니고 그 동안 필자가 발표했던 논문과 번역본을 바탕으로 이루어졌다. 제1장 「유의경과 『세설신어』」와 제3장 「『세설신어』의 국내 전래와 수용」은 필자의 학위논문과 소논문을 수정 보완한 것인데, 새롭게 첨가하고 고쳐 쓴 내용이 상당한 부분을 차지한다. 제2장은 『세설신어』의 인물품평 특성에 중점을 두고 『세설신어』에서 비롯된 고사성어를 중심으로 전체 36편에서 정선한 고사를 실었다. 이를 통하여 독자들이 『세설신어』가 어떤 책인지를 알고 『세설신어』의 대표적인 고사를 감상하면서 『세설신어』와 우리나라와의 관련성을 이해하기를 바란다.

  끝으로 '중국역사인물평전'이라는 학술적 가치가 높은 총서를 기획하고 필자에게 그 중 한 책의 집필을 맡겨주신 고려대학교 중국학연구소에 감사를 드리며, 전공자 못지않은 관심으로 원고를 꼼꼼히 검토하여 멋진 책으로 만들어준 도서출판 신서원의 모든 이들에게 고마움을 드린다.

2007년 여름 첫 장마 시작하는 날
김장환 씀

차례

『유의경과 세설신어』를 펴내면서 ········ 3

머리말 ········ 9

제1장 유의경과 『세설신어』 ········ 15

   1. 작자 유의경 ▎15   2. 서명·판본·권수·편수 ▎18
   3. 유효표 주 ▎30   4. 찬집과정과 경향 ▎36
   5. 내용 ▎43   6. 제재운용 ▎62
   7. 구성 ▎64   8. 묘사 ▎67
   9. 세설체 문학 ▎73

제2장 『세설신어』의 인물품평 세계 ········ 77

   1. 덕행德行 ▎81   2. 언어言語 ▎87
   3. 정사政事 ▎96   4. 문학文學 ▎101
   5. 방정方正 ▎111   6. 아량雅量 ▎117
   7. 식감識鑒 ▎122   8. 상예賞譽 ▎125
   9. 품조品藻 ▎130   10. 규잠規箴 ▎135
  11. 첩오捷悟 ▎139   12. 숙혜夙惠 ▎142
  13. 호상豪爽 ▎145   14. 용지容止 ▎148
  15. 자신自新 ▎152   16. 기선企羨 ▎154
  17. 상서傷逝 ▎155   18. 서일棲逸 ▎157
  19. 현원賢媛 ▎160   20. 술해述解 ▎163

21. 교예巧藝 ▎165   22. 총례寵禮 ▎168

23. 임탄任誕 ▎170   24. 간오簡傲 ▎175

25. 배조排調 ▎178   26. 경저輕詆 ▎181

27. 가휼假譎 ▎183   28. 출면黜免 ▎185

29. 검색儉嗇 ▎187   30. 태치汰侈 ▎189

31. 분견忿狷 ▎191   32. 참험讒險 ▎193

33. 우회尤悔 ▎195   34. 비루紕漏 ▎197

35. 혹닉惑溺 ▎199   36. 구극仇隙 ▎202

제3장 『세설신어』의 국내 전래와 수용 ········ 205

1. 통일신라시대(669~935) ▎205

2. 고려시대(918~1392) ▎210

3. 조선시대(1392~1910) ▎216

맺음말 ········ 243

부록 ········ 245

참고문헌 ▎247

찾아보기 ▎249

8　유의경과 『세설신어』

머리말

◎ 그 언어를 읽어보면 진晉나라 사람들의 모습과 기상이 눈에 보이는 듯 생동감 넘치고, 문장이 간결하고 심오하며 진정한 운치가 무궁하여 고금의 절창絶唱이다![명대 胡應麟, 『小室山房筆叢』]

◎ 그 책은 서술이 빼어나며 청담淸談이 모여 있는 연못과 숲이다! [청대 紀昀, 『四庫全書總目提要』]

◎ 기록된 언어는 심원하고 준일하며 기록된 행실은 고상하고 진기하다! 이 책은 당시 명사들의 교과서다![근대 魯迅, 『中國小說史略』]

◎ 소설가는 심히 번잡하고 외람되며 명목은 비록 다르지만 그 지향指向은 한 가지이다. 오직 유의경의『세설』만이 가장 볼 만하여 동진東晉 자제들의 눈썹과 눈, 뺨과 입, 귀밑머리와 머리카락, 집과 방, 수레와 의복, 술잔 등이 마치 직접 보는 것처럼 역력하다![조선 正祖, 『弘齋全書』]

위의 글들은 역대로『세설신어』에 쏟아졌던 수많은 찬사 가운데 일부이다.

중국 위진남북조魏晉南北朝시대 송宋나라 문인 유의경劉義慶(403~444)이 지은『세설신어』는 후한後漢 말에서 동진東晉 말까지 약 2

백 년간 실존했던 제왕과 고관귀족을 비롯하여 문인·학자·현자·스님·부녀자 등 7백여 명에 달하는 인물의 독특한 언행과 일화 1,130조를, 「덕행德行」편부터 「구극仇隙」편까지 36편에 주제별로 수록하여 놓은 고사모음집이다. 내용은 상당히 방대하여 당시의 문학·예술·정치·학술·사상·역사·사회상·인생관 등 인간생활의 전반적인 면모를 담고 있다. 따라서 중국의 중고시대 문화를 총체적으로 이해하는 데 무척 중요한 필독서이다.

우선 문학예술의 측면에서 『세설신어』는 그 자체로도 깔끔하기 이를 데 없는 훌륭한 산문작품이다. 사륙변려문四六騈儷文*과 같은 수사학적인 유미주의가 극성하던 당시의 문학풍토에서 이처럼 간결하고 담백한 문장은 한줄기 청신한 바람이었다. 인물을 묘사하는 데 사용된 언어는 고도의 간결미와 함축미를 지니고 있어서 위진시대 언어예술의 높은 품격을 보여주고 있다.

*위진남북조 때 유행한 문체. 4자 및 6자의 구절로 대구對句를 이루고 평측平仄을 맞춘 정형화된 문장.

『세설신어』에는 문학적으로 다듬어진 수많은 고사성어가 산재해 있는데, 오늘날에도 널리 인구에 회자되고 있는 '등용문登龍門'·'난형난제難兄難弟'·'점입가경漸入佳境'·'망매지갈望梅止渴' 등이 그 대표적인 예이다.

또한 『세설신어』는 중국 고전소설사상 '지인소설志人小說'*이라는 독특한 유파를 정립하여 근대에 이르기까지 수많은 모방작들을 만들어내면서 이른바 '세설체世說體' 필기소설의 비조로 존중받고 있다.

> *위진남북조 소설을 분류할 때 '지괴소설志怪小說'의 상대적인 개념으로 사용하는 용어로 노신魯迅이 처음 명명했다. 일부 학자들은 '일사소설軼事小說'이란 용어를 사용하기도 한다. 실제인물의 특정한 언행과 면모를 짧은 편폭에 핍진하게 묘사해내는 필기소설을 말한다.

학술사상의 측면에서 『세설신어』는 위진시대를 대표하는 철학사조인 현학玄學을 이해하는 데 필수적인 자료이다. 현학은 형이상학적인 심오한 철리哲理를 논하는 학문으로 주로 청담淸談*의 형태로 표현되었는데, 청담의 주된 내용은 『역경』・『노자』・『장자』의 이른바 '3현三玄'을 기본대상으로 하고 여기에 불학佛學과 당시 지식인들 사이에서 널리 성행했던 인물품평이 더해졌다. 『세설신어』에는 하안何晏・왕필王弼과 같은 청담대가에 대한 기록은 물론이고 청담의 다양한 주제와 방법 등이 집약되어 있어서 청담의 보고라는 명성을 얻고 있으며, 인물품평을 통해 드러난 수준 높은 사유활동의 면면은 중국 미학사상의 한 장을 차지하기에 충분하다.

> * 위진시대에 선비들이 노장철학을 숭상하여 속세를 벗어나 펼친 고상한 담론.

당시의 문사들은 현학과 청담에 능해야만 비로소 명사로서 행세할 수 있었는데, 그렇게 하려면 청담논변과 현학적인 언어응대가 집약되어 있는 『세설신어』와 같은 책을 보지 않으면 안 되었다. 따라서 자연히 『세설신어』는 '명사들의 교과서'가 되었던 것이다.

사학의 측면에서 『세설신어』는 실존했던 인물에 대한 기록인만큼 사료로서의 가치도 매우 높다. 당唐나라 시대 정사인 『진서晉書』의 열전을 편찬할 때 『세설신어』의 기록을 토대로 삼았던 것이 바로 이를 증명한다. 또한 영가永嘉의 난*을 비롯하여 왕돈王敦·소준蘇峻·환현桓玄의 난 등 진나라 시대에 발생했던 중대한 역사사건들이 비교적 객관적으로 기술되어 있어서 당시의 역사적 사실을 이해하는 데 많은 도움을 준다. 그밖에 수많은 위정자들의 통치행위와 문벌 지배계층 사이의 정치적 대립이 사실적으로 묘사되어 있어서 당시의 정치상황을 엿볼 수 있다.

*서진西晉 말 영가연간(307~312)에 일어났던 대란. 팔왕八王의 난 (300) 이후에 대두된 왕족 상호간의 권력쟁탈과 중원의 황폐를 틈타, 흉노족 유연劉淵이 한왕漢王을 자칭하고 갈족羯族의 석륵石勒과 왕미王彌를 귀속하여 하남河南과 산동山東 일대를 근거지로 삼아 세력을 확장했으며, 312년에는 유연의 아들 유총劉聰이 수도 낙양洛陽을 침공하여 회제懷帝를 평양平陽에 유폐시켰다가 살해하고 민제愍帝를 장안長安에서 옹립했다. 서진은 이 난 때문에 사실상 붕괴되었으며 화북은 5호16국五胡十六國시대로 접어들게 되었다.

그밖에 도교의 영향으로 생겨난 풍수·미신·점술사상과 오석산五石散이라는 일종의 마약을 상습적으로 복용하던 지식인들의 풍습 및 결혼에 대한 풍속 등이 반영되어 있어서 당시의 사회상황을 간접적으로 이해할 수 있다. 또한 정치적·사회적으로 몹시 혼란했던 시대를 살았던 당시 지식인들의 다양한 처세태도나 인생관도 접해 볼 수 있다.

『세설신어』는 문헌학적으로도 귀중한 자료이다. 양梁나라의 유효표劉孝標(462~521)가 『세설신어』에 주를 달 때 4백여 종에 달하는 서적을 인용했으나 오늘날 그 대부분이 없어지고 『세설신어주』를 통해서만 그 내용이 전해지고 있기 때문에 더욱 중요한 가치를 지닌다. 그래서 유효표의 『세설신어주』는 배송지裴松之의 『삼국지주三國志注』, 역도원酈道元의 『수경주水經注』, 이선李善의 『문선주文選注』와 함께 역대 중국의 4대 명주名注로 손꼽힌다.

『세설신어』가 우리나라에 전래된 사실을 알 수 있는 구체적인 문헌상의 기록은 고려시대 이규보李奎報의 『동국이상국집東國李相國集』에 처음으로 보이지만, 그 이전에 최치원崔致遠이 그의 시에 『세설신어』의 이야기를 전고로 사용한 것으로 보아, 이미 통일신라시대에 전래되었다고 추정할 수 있다. 실제로 고려시대 이규보를 비롯한 여러 문인학자들이 즐겨 애독하고 그들의 시문에 폭넓게 수용한 예를 확인할 수 있으며, 이러한 기풍은 조선시대까지 계속 이어졌다. 따라서 국내의 한문학 연구에도 매우 유용한 자료 가운데 하나라고 여겨진다.

14 유의경과 『세설신어』

제1장 유의경과 『세설신어』

1. 작자 유의경

유의경劉義慶(403~444)의 생애에 관한 기록은 『송서宋書』 권51과 『남사南史』 권13의 「임천열무왕도규전臨川烈武王道規傳」에 보이는데, 이를 토대로 하여 그의 생애를 살펴보면 다음과 같다.

유의경은 진晉나라 안제安帝 원흥元興 2년(403)에 팽성彭城 수리綏里〔지금의 강소성 銅山縣〕에서 부친 유도련劉道憐과 모친 단씨檀氏 사이에서 여섯 아들 중 둘째로 태어났는데, 숙부인 유도규劉道規가 아들이 없어서 유의경이 그의 후사를 이었다. 또한 유송劉宋의 개국황제인 유유劉裕는 그의 백부였다.

안제 의희義熙 8년(412), 그의 나이 10세 때 유도규가 43세로 죽자 조정에서는 열무烈武라는 시호를 내렸으며 사도司徒를 추증하고 남군공南郡公에 봉했다. 그래서 유의경은 3년 뒤에 유도규를 이어 남군공에 습봉되었다. 12년에서 13년까지(416~417) 유의경은 유유가 후진後秦의 요홍姚泓을 정벌하는 데 따라나섰다가 유유가 후진을 멸하고 한때 장안長安을 회복하자, 그와 함께 장안을 두루 구경했다.

후진정벌을 마치고 돌아온 뒤 그는 보국장군輔國將軍과 북청주자사北青州刺史에 임명되었으나, 부임하기 전에 예주제군사도독豫州諸軍事都督 및 예주자사로 전임되었으며, 다시 회북제군사도독淮北諸軍事都督에 제수되었다. 이때 그의 나이는 15세에 불과했다.

공제恭帝 원희元熙 2년(420), 18세 때 유유가 동진을 이어받아 건강建康에 도읍을 정하고 국호를 송宋이라 했다. 이에 부친 유도련은 장사왕長沙王에 봉해지고 태부太傅에 제수되었으며, 숙부 유도규는 임천왕臨川王에 추봉追封되고 대사마大司馬에 추증되었다. 그래서 유의경도 숙부를 이어 임천왕에 습봉되고 시중侍中으로 초징招徵되었다.

송 무제武帝 영초永初 3년(422)에 유유가 67세로 죽자 시호를 무제라 했으며, 같은 해에 부친 유도련도 55세로 죽자 시호를 경景이라 했다.

문제文帝 원가元嘉 원년(424), 22세 때 유의경은 산기상시散騎常侍와 비서감秘書監으로 전임되었다가 다시 탁지상서度支尚書로 옮겨가 공부貢賦와 조세를 담당했으며, 그 뒤 당시 수도의 행정장관인 단양윤丹陽尹이 되었다. 6년(429)에는 상서좌복야尚書左僕射를 겸임했으며, 8년(431)에는 복야를 그만두고 다시 단양윤 겸 중서령中書令이 되어 전국의 행정을 다스렸다. 9년(432)에는 단양윤을 그만두고 수도를 떠나 사지절使持節·형옹익녕량남북 진칠주제군사도독荊雍益寧梁南北秦七州諸軍事都督·평서장군平西將軍 및 형주자사荊州刺史가 되었다.

12년(435), 33세 때에 조정에서 조서를 내려 각지의 관원들에게 인재를 천거하라고 하자, 유의경은 임저臨沮현령 유식庾寔, 봉조청奉朝請 습기襲祈, 처사處士 사각師覺 등을 천거하였다. 16년(439), 37세 때 그는 산기상시·강주예주지서양진희신채삼군제군사도독江州豫州之西陽晉熙新蔡三郡諸軍事都督·위장군衛將軍 및 강주자사가 되었는데, 강주자사로 있을 때 당시 문단의 영수였던 원숙袁淑을 위군자의참군衛軍諮議參軍으로 삼았으며, 그밖에 육전陸展·하장유何長瑜·포조鮑照 등도 문장이 뛰어나서 막료로 초빙하였다. 17년(440)에는 남연서연청기유육주제군사도독南兗西兗靑冀幽六州諸軍事都督 및 남연주자사가 되었으며, 얼마 뒤에는 개부의동삼사開府儀同三司까지 되었으나 병이 들어 사직하고 조정으로 돌아갔다.

문제 원가 21년(444)에 도성에서 죽자 조정에서 시중과 사공을 추증하고 시호를 강왕康王이라 했다. 이때 그의 나이는 42세였다.

이상에서 살펴본 바와 같이 유의경은 황실의 종친으로서 특히 문학을 애호하여 여러 문인들을 초빙하고 그들과 교유하였다. 또한 만년에는 많은 재산을 바칠 정도로 불교를 신봉하였다.

유의경은 위진남북조의 대표적인 소설가 가운데 한 사람으로, 그의 소설저작으로는 『세설신어』를 비롯하여 『유명록幽明錄』 30권, 『선험기宣驗記』 30권, 『소설小說』 10권이 있다. 그밖에 반고班固의 『전인典引』을 모방하여 유송황실의 미덕과 공업을 기술한 『전서典敍』와 『의경집』 8권, 『서주선현전徐州先賢傳』 10권, 『강좌명사전江左名士傳』 1권, 그리고 『문선文選』과 같은 시문 총집류인 『집림集林』 200권이 있는데, 이 가운데 『세설신어』를 제외하고는 모두 망실되었다.

2. 서명·판본·권수·편수

『세설신어』는 위진남북조 지인소설 중 유일하게 완정한 형태로 전해져 내려오면서 많은 판본이 현존하는데, 판본과 관련하여 서명과 권수·편수를 아울러 살펴보기로 하겠다.

1) 서명

『세설신어』라는 서명의 유래에는 크게 두 가지 설이 있는데, 그 하나는 한漢나라 유향劉向이 지은 『세설』에서 유래했다는 설이고, 다른 하나는 『논어論語』에서 유래했다는 설이다.

전자는 『한서漢書』「예문지藝文志」 제자유가류諸子儒家類의 "劉向所序六十七篇, 『新序』·『說苑』·『世說』·『列女傳頌圖』也"라는 기록에 의거하여, 유의경이 유향의 『세설』을 이어받아 『세설신서世說新書』라 이름 하였다는 것이다. 이 설은 송나라 황백사黃伯思의 『동관여론東觀餘論』에서 맨 처음 언급한 이래, 명나라 고기원顧起元의 『설략說略』, 청나라 기윤紀昀의 『사고전서총목제요四庫全書總目提要』, 민국 여가석余嘉錫의 『사고제요변증四庫提要辨證』 등에 보이고 있으며, 나진옥羅振玉과 왕리기王利器 등도 이 설을 따르고 있다. 그러나 이 설에 따르면 『세설신어』의 처음 명칭을 『세설신서』로 봐야 하지만 『남사』와 『수서隋書』「경적지經籍志」에는 모두 『세설』이라 기록되어 있어서 의문의 여지가 남아 있다.

후자는 처음 명칭을 『세설』로 본 것으로서 양용楊勇이 전자의 설에 대하여 원래 명명의 실상을 모르고 망령되이 추측했다고 반박하면서, 공문사과孔門四科〔德行·言語·政事·文學〕가 『세설신어』의 전체 36편 가운데 맨 앞에 들어 있는 점과 『세설신어』의 내용이 인물품평이 중심인 점 등을 들어 『세설』이란 서명은 바로 『논어』에서 비롯된 것이라고 주장했다. 그 뒤 부석임傅錫壬도 이 설을 더욱 발전시켜 그 이유를 자세히 밝혀놓았다.

그러나 위의 두 설은 모두 추측에 불과한 것이며 확실한 문헌적 근거에서 세워진 것은 아니다.

『세설신어』 이전의 서명으로는 『세설』과 『세설신서』가 보이는데 먼저 당나라 이전의 기록을 살펴보면 아래와 같다.

- 所著, 『世說』十卷.〔『南史』卷13,「劉義慶傳」〕
- 『世說』八卷, 宋臨川王劉義慶撰. 『世說』十卷, 劉孝標注.〔『隋書』,「經籍志」子部小說家類〕
- 劉孝標 注 가운데 『世說』이라 언급한 곳이 7군데 있음.

 이상에서 보면 유효표가 유의경의 원서에 주를 달 때까지는 『세설』이라는 이름으로 통용되었음을 알 수 있다.
 한편 남송 왕조汪藻(1079~1154)가 지은 『세설서록世說敍錄』의 '세설신서'조에 "李氏本 『世說新書』, 上中下三卷三十六篇, 顧野王撰"이라는 기록이 있는데, 고야왕顧野王(518~581)은 남조 진陳나라 사람이므로 진나라 시대에 이미 『세설신서』라는 별본이 있었다는 말이 된다. 즉 고야왕이 종래의 유주본有注本 『세설』 10권을 3권 36편으로 정비하고 『세설신서』라고 개명했다는 것이다. 이것은 당나라 이전에 『세설신서』라는 서명이 존재했었다는 유일한 근거가 된다.
 다른 한편 양용은 유효표 주가 단행본으로 전하다가 양梁나라와 진陳나라 사이에 유의경의 원본과 합본되어 나온 것이 『세설신서』라고 주장했다.
 이상을 종합하면 『세설신어』의 처음 명칭은 『세설』이었으며, 그 뒤 양나라와 진나라 사이에 『세설신서』라는 서명이 출현하여 각기 다른 체재를 갖춘 채 당나라로 전해졌음을 알 수 있다.
 당나라 시대에 들어오면 『세설』 외에 『속세설』과 『세설신서』

라는 서명이 자주 보인다.

『世說』八卷, 劉義慶撰. 『續世說』十卷, 劉孝標撰.〔『舊唐書』,「經籍志下」子部小說家類〕

위의 기록에서 유의경의 『세설』 8권은 『수서』에 보이는 유의경 원서의 8권 무주본無注本임에는 문제가 없으나, 유효표의 『속세설』 10권은 『세설』과 내용이 다른 속편이라기보다는 유효표의 10권 유주본 『세설』을 동명의 유의경 8권 무주본 『세설』과 구별하기 위해서 『속세설』이라 한 것으로 보인다.

다음은 『세설신서』에 관한 기록이다.

"近者, 宋臨川王義慶著『世說新書』, 上敍兩漢・三國及晉中朝・江左事."〔劉知幾, 『史通』,「雜說中」〕

『사통史通』의 주요판본으로는 명나라 시대의 육심각본陸深刻本・장지상각본張之象刻本・장정사각본張鼎思刻本과 청나라 포기룡浦起龍의 『사통통석史通通釋』이 있는데, 그 가운데 장지상 본은 인용문처럼 『세설신서』라 되어 있으나 다른 판본은 『세설신어』라 되어 있다.

장지상본은 지금은 전하지 않는 송판본을 가지고 기타 제본을 참고하여 교감한 것이므로 저본에 있어서 비교적 신빙성이 높다. 그래서 이제까지 당나라에 『세설신어』라는 서명이 존재했었다는 유일한 근거로서 『사통』의 기록을 거론해 왔는데, 장지상본에 의거한다면 그러한 근거가 없어지게 된다. 한편 『사통』에는 위의 기록 외에 『세설』이라는 서명이 7곳이나 보이고 있어서 의문의 여지가 남아 있다.

"近覽『世說新書』, 云王敦初尙公主…"〔段成式, 『酉陽雜俎』, 「續集」 卷4〕

위의 기록은 단성식段成式(?~863)이 왕돈王敦의 고사를 거론하면서 『세설신서』에서 인용했음을 밝히고 있다. 그러나 단성식의 같은 책 같은 권에 『세설』이란 서명이 3군데나 보이고 있는데, 이는 당시에 『세설』과 『세설신서』라는 서명이 병존했을 가능성을 말해 주는 것이다.

"『續世說新書』, 唐王方慶撰."〔『新唐書』, 「藝文志」 子部雜家類〕

위의 기록은 왕방경王方慶이 당시 유행하던 『세설신서』를 보고 속편을 찬했다는 것으로, 이것은 당시에 『세설신서』라는 서명이 존재했음을 확증하는 자료이다.

그밖에 현존하는 가장 오래된 판본인 당사본唐寫本의 본문 말미에도 "世說新書卷第六"이라 되어 있어서 이를 확실히 뒷받침하고 있다.

이상의 모든 기록을 종합해 보면, 당나라 시대에는 『세설신단성식이 왕돈의 콩거품에 얽힌 고사를 인용하여 육창陸暢의 고사가 허위임을 증명하면서 또한 근래에 『세설신서』를 보았다고 말했는데, 이 본을 『세설신어』라고 한 것은 누가 그것을 개명했는지 모르겠다. 아마도 근래에 전한 것일 게다.

위의 기록을 보면, 북송 말에는 『세설신어』란 서명이 이미 보편화되어 있었음을 알 수 있다.

셋째 자료는 남송 왕조의 『세설서록』의 기록이다.

조문원晁文元〔晁逈〕·전문희錢文僖〔錢惟演〕·안원헌晏元獻〔晏殊〕·왕중지王仲至〔王欽臣〕·황로직黃魯直〔黃庭堅〕의 가장본家藏本은 모두 『세설신어』라 되어 있다. 생각건대 조씨를 비롯한 여러 본이 모두 『세설신어』라 되어 있으므로 이제 『세설신어』로 정식명칭을 삼는다.

위의 기록을 보면, 남송 초에는 『세설신어』라는 서명이 세설류의 정식명칭으로 완전히 정착되었음을 알 수 있다.

그밖에 조공무晁公武의 『군재독서지郡齋讀書志』, 우무尤袤의 『수초당서목遂初堂書目』, 조희변趙希弁의 『독서부지讀書附志』, 고사손高似孫의 『위략緯略』, 진진손陳振孫의 『직재서록해제直齋書錄解題』 등에도 모두 『세설신어』라 되어 있다.

한편 남송 이후에도 『세설』이란 서명이 자주 보이는데, 이는 『세설신어』의 약칭으로 보는 것이 타당하다.

2) 판본

　당나라 이전의 전본傳本으로는 앞의 서명부분에서 언급한 대로, 유의경의 원서인 8권 무주본 『세설』과 유효표 주가 달린 동명의 10권 유주본 『세설』이 있었으며, 진陳나라의 고야왕이 찬한 3권본 『세설신서』가 있었다. 그 뒤로 청나라 시대에 이르기까지 많은 전본이 있었는데 그 가운데 주요한 것을 시대순으로 살펴보면 다음과 같다.

　먼저 당나라 시대의 전본으로는 현존하는 최고의 것으로 자료적 가치가 대단히 높은 『당사본세설신서잔권唐寫本世說新書殘卷』이 있다. 이것은 일본의 칸다 키이치로神田喜一郞 등이 소장하고 있던 필사본의 잔권을 나진옥羅振玉이 합하여 영인한 것으로, 본문은 「규잠規箴」 제10 가운데 처음 3조를 제외한 나머지 24조와 「첩오捷悟」 제11, 「숙혜夙慧」 제12, 「호상豪爽」 제13의 전조全條가 수록되어 있으며 유효표 주가 달려 있다. 그리고 본문의 말미에 "世說新書卷第六"이라 되어 있는 것으로 보아 당사본은 고야왕이 찬한 3권본 『세설신서』와는 다른 본으로 유주劉注 10권본일 가능성이 높다.

　송나라 시대는 많은 교정본이 문헌상에 보이고 있으며 본격적인 간행본도 출현했다.

　동분董棻본 : 고종高宗 소흥紹興 8년(1138)에 동분이 소장하고 있던 옛 전본과 안수晏殊의 수정본手訂本을 참조하여 교정한 것으로 절강성 엄주嚴州에서 간행했다. 이 판본의 체재는 3권 36편이다. 동분본은 『세설신어』 간행본으로서는 최초이며, 이후로 3권본 『세설신어』가 세설류의 대표적 존재가 되었다. 그러나 망실되어 전하지 않는다.

　일본 존경각尊經閣 **소장 송본**宋本 : 현존하는 간본 중 가장 오래된 목판 진서珍書로서 동분본을 중각한 것으로 추정한다. 상·중·하 3권 36편으로 되어 있으며 왕조의 『세설서록』이 실려 있어서 자료적 가치도 대단히 높다. 이 본에는 서발序跋이나 간행기 등이 일체 없어서 간행사정을 알 수는 없으나, 왕조의 『세설서록』이 실려 있는 것으로 보아 왕조 이후의 사람이 간행했음이 틀림없다. 근래에 일본의 육덕재단育德財團과 북경의 문학고적간행사文學古籍刊行社와 대만의 예문인서관藝文印書館·세계서국世界書局 등에서 영인본을 출판했다.

　육유陸游**본** : 육유가 동분본을 가지고 상·중·하 3권을 다시 상·하로 나눈 것으로 형식상 6권본으로 되어 있지만 사실상 동분본 계통 3권본이다. 이 본은 망실되었지만 원나라 지정至正 연간(1314~1367)에 무본당본務本堂本으로 중각되어 남아 있다.

　유진옹劉辰翁**본** : 남송 말에 유진옹(1234~1297)이 유효표 주에 자신의 비주批注를 더하여 교각校刻한 것으로 3권본과 8권본이 있다. 원본은 전하지 않지만 8권본은 원간元刊 4책이 내각문고內閣文庫에 전존傳存하며, 3권본은 명나라 정덕正德연간(1506~1521)에 인실당仁實堂본으로 중간되어 전하고 있다. 3권본은 상·중·

하 3권으로 되어 있고 각 권을 다시 상하로 나눈 것으로 보아 육유본 계통으로 보인다.

다음으로 명나라 시대의 판본을 살펴보면 다음과 같다.

원경袁褧 **가취당**嘉趣堂**본** : 세종世宗 가정嘉靖 14년(1535)에 원경이 육유본을 증가한 것으로 3권 36편으로 되어 있다. 송나라 이전의 제본이 대부분 망실되었기 때문에 원경본은 현존하는 매우 귀한 자료 중의 하나이다. 또한 원경본에는 권말에 동분과 육유의 구발舊跋이 수록되어 있어서 동분본과 육유본의 간행사정을 알 수 있다.

왕세무王世懋**본** : 만력萬曆 8년(1580)에 왕세정王世貞의 동생인 왕세무가 비점批點을 가해 8권본으로 간행했다.

능몽초凌濛初**본** : 능몽초(1580~1644)본으로는 3권본과 8권본이 있는데, 3권본은 원경본을 취하여 상란에 유응등劉應登·왕원미王元美·장인미張仁美·양용수楊用修 등과 자신의 평어를 기록한 평점본이며, 8권본도 역시 상란에 유응등·유진옹·왕세무 3인의 평어를 기록한 교각본이다.

다음으로 청나라 시대의 판본을 살펴보면 다음과 같다.

분흔각紛欣閣**본** : 선종宣宗 도광道光 8년(1828)에 주심여周心如가 원경본을 중각한 것인데, 왕선겸王先謙은 그의 「교감소지校勘小識」에서 "세설류 가운데 포강浦江의 주씨 분흔각본이 가장 뛰어나다"라고 평했다.

사현강사思賢講舍**본** : 덕종德宗 광서光緖 17년(1891)에 왕선겸이

원경본과 주씨 분흔각본을 가지고 교정·중각한 것으로, 권말에 「세설신어고증世說新語攷證」·「교감소지校勘小識」·「세설신어주인용서목世說新語注引用書目」·「세설신어일문世說新語佚文」과 같은 귀중한 연구자료가 수록되어 있다. 근래에 상해고적출판사上海古籍出版社에서 축소·영인하여 출판한 바 있다.

민국 이후의 판본으로는 민국 초에 상해의 함분루涵紛樓에서 명나라 시대 원경본을 영인한 사부총간본四部叢刊本이 있으며, 대만의 중화서국中華書局에서 역시 원경본을 중각한 사부비요본四部備要本이 있다. 오늘날 통행되는 판본 가운데 사부총간본이 가장 널리 알려져 있다.

이상으로 각 시대별로 『세설신어』의 여러 판본을 살펴보았는데, 이 가운데 현존하는 주요판본을 정리하면 다음과 같다.

권수	시대	판본명	비고
?	당	唐寫本世說新書殘卷	10卷本으로 추정
3권	송	日本 尊經閣本	董弅本 重刻? 最古의 木版 珍書
	송	陸游本	形式上 6卷本, 元 務本堂本으로 重刻
	송	劉辰翁本	陸本系, 批注本, 明 仁實堂本으로 重刻
	명	袁褧 嘉趣堂本	陸本 重刻
	명	凌濛初本	袁本系, 評點 校刻本
	청	周心如 紛欣閣本	袁本系, 重刻本
	청	王先謙 思賢講舍本	袁本系, 校訂 重刻本
	민국	四部叢刊本	袁本系, 影印本
	민국	四部備要本	袁本系, 重刻本

8권	송	劉辰翁本	批注本, 元 刊本으로 重刻
	명	王世懋本	批點本
	명	凌濛初本	評點 校刻本

3) 권수와 편수

오늘날 일반적으로 통행되는 『세설신어』의 체재는 상·중·하 3권 36편인데, 이것은 남송의 동분본에서 발판을 마련한 이후 육유본을 거쳐 명나라 시대 원경본에서 정착을 보았다. 그래서 그 이후의 전본은 거의 원경본을 따라 3권 36편의 체식을 갖추고 있다. 현존하는 36편의 편목은 다음과 같다. ( ) 안의 숫자는 편수의 차례이다.

상권 상	「덕행德行」(1) 「언어言語」(2)
상권 하	「정사政事」(3) 「문학文學」(4)
중권 상	「방정方正」(5) 「아량雅量」(6) 「식감識鑒」(7)
중권 하	「상예賞譽」(8) 「품조品藻」(9) 「규잠規箴」(10) 「첩오捷悟」(11) 「숙혜夙惠」(12) 「호상豪爽」(13)
하권 상	「용지容止」(14) 「자신自新」(15) 「기선企羨」(16) 「상서傷逝」(17) 「서일棲逸」(18) 「현원賢媛」(19) 「술해術解」(20) 「교예巧藝」(21) 「총례寵禮」(22) 「임탄任誕」(23) 「간오簡傲」(24)
하권 하	「배조排調」(25) 「경저輕詆」(26) 「가휼假譎」(27) 「출면黜免」(28) 「검색儉嗇」(29) 「태치汰侈」(30) 「분견忿狷」(31) 「참험讒險」(32) 「우회尤悔」(33) 「비루紕漏」(34) 「혹닉惑溺」(35) 「구극仇隙」(36)

『세설신어』가 이러한 체재를 갖추기 전에는 각기 다른 형태의 체재가 공존하고 있었다. 왕조의『세설서록』의 기록을 보면 송나라 시대의 구본舊本에는 2권 36편, 3권 36편, 10권 36편, 10권 38편, 11권 39편 등의 체재가 있었음을 알 수 있다.

이상에서 보았듯이 송나라 시대의 구본은 여러 가지의 체재를 갖추고 있었지만, 이후로 3권 36편을 제외한 다른 체재의 전본은 점차 소멸되어버렸다.

한편 노신魯迅의『중국소설사략』에서도『세설신어』의 편수를 38편이라고 하였는데 이는 분명 잘못된 것이다. 노신 이전의 38편에 관한 기록으로는 앞에서 살펴본『세설서록』의 기록 외에, 송나라 조공무의『군재독서지』와 청나라『사고전서총목제요』의 기록이 있는데, 아마도 노신은 이러한 기록에 의거하여 금본『세설신어』의 편수를 38편이라고 한 것으로 보인다. 그 뒤로 노신의 설을 답습하여 38편이라고 기술한 책이 많다.

3. 유효표 주

유효표劉孝標(462~521)는 이름이 준峻이며 평원平原(지금의 산동성 淄博市) 사람으로 양대梁代의 저명한 학자이자 변문가騈文家였다. 송나라 명제明帝 태시泰始연간(465~471) 초에 청주靑州가 북위北魏

서』라는 서명이 확실히 자리 잡았으며 아울러『세설』이라는 서명도 각기 다른 별본의 형태로 존재했던 것으로 보인다.

송나라 시대에 이르러 비로소『세설신어』란 서명이 완전히 정착된 것으로 판단되는데, 다음의 몇 가지 자료를 통하여 그러한 사실을 살펴볼 수 있다

첫째 자료는 북송 초 이방李昉 등이 편찬한『태평광기太平廣記』이다.『태평광기』에 인용된『세설신어』는 총 51조인데, 그 가운데 "出『世說』"이라 된 것이 38조이고, "出『世說新書』"라 된 것이 7조이며, "出『世說新語』"라 된 것이 6조이다. 이 가운데 10조만이 현존본에 보이고 있어서『세설신어』의 일문佚文연구에 귀중한 자료이기도 하다. 여기에서 "出『世說』"과 "出『世說新書』" 부분은 당시까지 전해 오던 구전본舊傳本에서 인용한 것이며, "出『世說新語』" 부분은『태평광기』가 찬수되던 당시의 통행본에서 인용한 것으로 보인다.

이에 반해 거의 같은 시기에 찬수되었던『태평어람太平御覽』에는『세설신서』나『세설신어』라는 서명은 전혀 보이지 않고『세설』만이 보이는데, 이는『태평어람』이 전대의 유서類書를 답습하여 종래의 구전본에서 인용하였기 때문으로 생각된다. 이로써 북송 초에『세설신어』란 서명이 출현하였음을 확인할 수 있다.

둘째 자료는 북송 말 황백사의『동관여론』권하「발세설신어후跋世說新語後」의 기록이다.

에 함락되자 유준은 8살의 나이에 중산中山으로 잡혀갔는데, 중산의 부자 유실劉實이 그를 비단으로 대속하고 공부를 가르쳤다. 유준은 학문을 좋아하여 저녁부터 아침까지 횃불을 밝히고 혼자 공부했다.

제齊나라 무제武帝 영명永明연간(483~493)에 고향으로 돌아와 스스로 견문이 좁다고 생각하고서 널리 이서異書를 구하여 탐독하자, 사람들이 그를 '서음書淫[책벌레]'이라고 불렀다.

양梁나라 무제 천감天監연간(502~519) 초에 중서성中書省에 초징되어 학사學士 하종賀蹤과 함께 비서秘書를 전교典校했으나, 당시 청주자사靑州刺史로 있던 형 유효경劉孝慶을 만나보러 갔다가 금서禁書를 휴대했다고 관리가 상주하는 바람에 파직되었다.

안성왕安成王 소수蕭秀가 형주자사荊州刺史가 되었을 때 유준의 학문을 아까워하여 그를 불러 호조참군戶曹參軍으로 삼고 서적을 주어 사류事類를 초록하게 하고 서명을 『유원類苑』이라 했다. 그러나 책이 완성되기 전에 다시 병을 이유로 사직하고 동양東陽의 자암산紫巖山으로 들어갔다. 그때 「산서지山栖志」를 지었는데 그 문장이 매우 훌륭했다.

무제가 고재문사高才文士를 초빙할 적에 유준도 발탁되었으나 응하지 않았다. 유준은 자기의 성품에 따라 행동할 뿐 사람들과 휩쓸리지 않았기 때문에 무제는 이를 미워하여 그를 임용하지 않았다. 유준은 이에 「변명론辨命論」을 지어 그의 회포를 실었다.

무제 보통普通 2년(521)에 죽으니 그때 나이 60이었으며 문인들이 시호를 현정선생玄靖先生이라 했다.

그의 저작으로는 『수서』「경적지」에 의거하면 『한서주漢書注』 140권과 『유원類苑』 120권이 저록되어 있으나 모두 망실되고 없으며, 현재 전하는 것으로는 『세설신어주』 외에 『육기연련주주陸機演連珠注』와 『유효표집劉孝標集』이 있다.

유효표가 『세설신어』에 주를 단 방법은 크게 다음의 다섯 가지로 귀납할 수 있다.

① 훈소류訓疏類 : 유효표 주는 본래 훈소를 그다지 중시하지는 않았지만 필요한 곳에는 반드시 훈해訓解를 했다. 이것은 다시 원전에 의거하여 훈해한 것과, 원전을 다 인록引錄하지 않고 훈해한 것과, 자신의 견해를 가지고 본문을 훈해한 것으로 분류할 수 있다.

② 고이류考異類 : 『세설신어』에 기록된 내용은 그 취재고사를 예로부터 전해진 이야기나 야사에서 뽑은 것이 많기 때문에 자연히 의심나는 곳이 있다. 그래서 유효표는 여러 책과 유의경의 본문을 비교·교감하여 그 이동에 대해 주를 달았다.

③ 보증류補證類 : 『세설신어』에 기록된 내용은 사류事類를 위주로 하여 같은 류의 고사끼리 같은 편에 실었기 때문에 개인의 사적을 종합 기록한 사전史傳에 비하여 상세하지 못하다. 그래서 유효표는 독자의 이해를 돕기 위하여 부족한 내용을 보증했다.

④ **규무류**糾繆類 : 유효표 주 가운데 가장 뛰어나다고 평가되는 부분으로, 유의경 본문 가운데 사실에 부합되지 않거나 혹은 사리에 맞지 않는 것을 하나하나 지적하여 그 오류를 정정했다. 이것은 대부분 안어按語의 형식으로 되어 있다.

⑤ **미상류**未詳類 : 이상의 네 부분에 걸쳐 상세하게 주를 달고도 끝내 해결되지 않은 부분은 미상으로 남겨놓았다. 이는 학문에 대한 그의 진지한 태도를 보여주는 것이라 하겠다.

유효표 주의 가치는 크게 유의경 원서의 오류를 정확하게 바로잡았다는 것과 주에서 인용한 인용서목의 방대함을 들 수 있다. 유효표 주에 인용된 서목을 집록한 것으로서 최고의 것은 왕조의 『세설서록』 가운데 「인명보人名譜」 뒤에 실려 있는 「서명書名」 1권인데 아깝게도 망실되어 전하지 않는다. 그 뒤 송나라 고사손高似孫이 『위략緯略』에서 166서를 집목輯目하여 놓았는데 이는 진晉나라의 제서諸書에 국한된 것이다. 본격적인 것으로는 청나라 섭덕휘葉德輝의 『세설신어주인용서목』과 심가본沈家本의 『세설주소인서목世說注所引書目』이 있다. 전자는 「경적록經籍錄」(37), 「기전록記傳錄」(280)·「자병록子兵錄」(29)·「문집록文集錄」(93)·「술기록術伎錄」(14)·「불법록佛法錄」(27)·「선도록仙道錄」(3) 등 총 483서를 집목부해集目附解하여 놓았으며, 후자는 「경부經部」(35)·「사부史部」(288)·「자부子部」(39)·「집부集部」(42)·「석씨釋氏」(10) 등 총 414서를 집목 부해하여 놓았다.

이상을 살펴보면 우선 유효표의 박람博覽을 가히 짐작할 수 있으며 인물전기와 사서의 인용이 압도적으로 많은데, 이는 주로 역사상 실존했던 인물의 언행을 묘사대상으로 한 지인소설의 특성에서 볼 때 당연한 것이라 하겠다. 그러나 무엇보다도 중요한 것은 인용된 서적 가운데 거의 대부분이 오늘날 전하지 않는 것들이어서 문헌자료적 가치가 대단히 높다는 것이다.

역대로 유효표 주에 대한 평가는 위에서 살펴본 두 가지 측면에 집중되어 있는데, 그 가운데 주요평어를 살펴보면 다음과 같다.

◦ 유효표는 오류를 바로잡는 데 뛰어났으며 해박하면서도 정밀하다.〔劉知幾,『史通』권5,「補注」〕

◦ 유준의 주석은 그 오류를 지적하여 거짓을 분명하게 밝혀놓았으니 진실은 문장으로 가리기 어렵다. 황가皇家〔唐室〕에서 진사晉史를 찬할 때 이 책을 많이 참고했는데, 유효표의 정설에 위배되는 강왕康王〔劉義慶〕의 망언을 채록하여 그로써 일을 기록했으니 얼마나 얼굴이 두꺼운가!〔劉知幾,『史通』권17,「雜說中」〕

◦ 양 유효표가 이 책에 주를 달았는데 인용한 것이 상세하고 정확하여 불언지묘不言之妙가 담겨 있다. 한·위·오의 제사諸史와 자전子傳·지리서의 인용은 말할 것도 없고 진대사와 진제공열전晉諸公列傳·보록문장譜錄文章만도 모두 정사 밖에서 나온 것으로, 기록이 매우 상세하고 듣고 본 것이 아직껏 접해 보지 못한 것이어서 실로 주서注書의 종법이 되었다.〔高似孫,『緯略』권12〕

◦ 유효표의 주는 제가소사諸家小史를 수록하여 그 뜻을 분석했는

데, 훈고의 뛰어남은 고사손의 『위략』에서 언급했다.〔袁褧,「刻世說新語序」〕
- 유효표의 주는 특히 올바르면서도 풍부하여 고사손의 『위략』에서 극찬했는데, 유의경의 오류를 바로잡은 것은 더욱 정확하다. 인용된 제서諸書는 오늘날 그 10분의 9가 없어졌고 오직 이 주에 의하여 전해진다. 그러므로 배송지裵松之의 『삼국지주』, 역도원酈道元의 『수경주水經注』, 이선李善의 『문선주文選注』와 더불어 고증가들에 의하여 인용되곤 한다.〔紀昀,『四庫全書總目提要』권140,「子部小說家類」〕
- 유효표의 주는 또한 인용하여 증거함이 호박浩博하며, 혹은 반박하고 혹은 인신하여 본문을 빛냄으로써 그 훌륭함을 더욱 증가시켰다. 인용한 서적은 4백여 종이나 되지만 오늘날 대부분 전하지 않는 것이기 때문에 세상사람들이 더욱 귀중하게 여긴다.〔魯迅,『中國小說史略』제7편「『世說新語』與其前後」〕

이상의 평어에서 보았듯이 유효표 주는 확실히 귀중한 가치를 지니고 있는 것이 사실이다. 그러나 어떤 의미에 있어서는 유효표 주에서 유의경의 오류를 바로잡은 것 가운데에는 『세설신어』의 소설적 가치를 실추시킨 측면이 다분히 있다고 하겠다. 그것은 바로 『세설신어』가 역사상 실존인물을 묘사대상으로 했지만 완전한 실록식의 기록이 아니라 적당한 허구와 과장을 가미하여 작자 자신의 창작능력을 바탕으로 다시 편집한 것이기 때문이다. 그래서 역사적 사실과 부합되지 않는 것은 당연히 있을 수 있는 일이다. 사실 그대로의 기록은 역사이지 소설이라 할 수 없다. 이것이 바로 지인소설과 사서의 차이점이 기도 하다.

4. 찬집과정과 경향

　유의경은 『세설신어』를 찬집하던 거의 같은 시기에 『유명록幽明錄』과 『선험기宣驗記』를 지었다. 『유명록』은 주로 귀신과 인간의 신괴한 고사를 기록한 것이고 『선험기』는 불교를 선양하기 위하여 불법보응의 고사만을 수록한 것으로, 모두 위진남북조 지괴소설志怪小說의 대표작으로 꼽힌다.
　이에 반해 『세설신어』는 실제인물의 특이한 언행과 사건만을 기록한 것으로 지괴적인 색채가 전혀 들어 있지 않다. 이러한 점에서 바로 『세설신어』에 대한 유의경의 지인소설志人小說적 인식을 엿볼 수 있다. 즉 그는 '지인'과 '지괴'의 내용특성을 분명히 인식하고 그에 대한 명확한 구분을 시도하여 지인소설이 비로소 지괴의 테두리에서 벗어나도록 했다. 『세설신어』 이전의 지인소설에는 여전히 지괴고사가 한데 섞여 있는데, 이 점에 대하여 노신은 다음과 같이 말하고 있다.

　　대개 당시에는 이승과 저승이 비록 다르지만 인간과 귀신이 모두 실제로 존재하는 것이라고 여겼기 때문에, 기이한 일을 기술할 때 인간세상에서 늘 있는 일을 함께 기록했으니, 본래 진실과 망령됨의 구별이 없었던 것이다.〔魯迅, 『中國小說史略』 제5편, 「六朝之鬼神志怪書」〕

이러한 시대상황에서 유의경이 지인과 지괴의 구별을 의식적으로 시도한 것은 중국소설 발전사상 지인소설이 하나의 새로운 소설양식으로 독립할 수 있는 기틀을 마련해 주었다고 생각한다. 이 점은 높이 평가되어야 할 것으로 여겨진다.

1) 찬집과정

『세설신어』가 유의경 자신의 개인저작이냐 아니면 여러 사람과 함께 집필한 공동저작이냐 하는 문제를 밝힐 만한 직접적인 근거자료는 없지만, 『송서』 「유의경전」의 기록을 보면 일단의 실마리를 찾아낼 수 있다.

〔유의경은〕 성품이 대범 소탈하고 욕심이 적었으며, 문학을 애호하여 문장은 비록 많지 않았으나 종실의 대표가 될 만했다.… 그가 문사를 불러모으면 원근에서 반드시 모여들었다. 태위太尉 원숙袁淑은 당시 문장의 대가였는데, 유의경이 강주江州에 있을 때 그를 청하여 위군자의참군衛軍諮議參軍으로 삼았으며, 그밖에 오군吳郡의 육전陸展과 동해東海의 하장유何長瑜와 포조鮑照 등도 모

두 문장이 훌륭하여 좌사국신佐史國臣으로 초징되었다.

위의 기록을 보면, 유의경의 막료로 있었던 원숙·육전·하장유·포조 등 당시에 문명文名이 높았던 문인들이 참여하여 『세설』을 찬하지 않았을까 하는 추측을 가능케 하고 있다. 그러한 이유로 우선 1,130조에 달하는 방대한 내용에서 등장하는 7백여 명의 언행과 사적을 일정한 편목을 설정하여 체계적으로 분류하는 것은 당시로서는 개인의 힘으로 다소 어려웠을 것이라는 점을 들 수 있다.

그리고 등장인물 이름의 불일치를 들 수 있는데, 환현桓玄을 예로 들면 환현 이외에 남군南郡·경도敬道·영보靈寶·환공桓公 등 무려 다섯 가지의 명칭이 나온다. 이것은 바로 여러 사람이 집필했을 가능성을 말해 주는 것이라 하겠다. 이 문제와 관련하여 노신도 일찍이 다음과 같이 의문을 제기했다.

> 『송서』에서 이르기를 "의경은 문장이 많지 않았으나 그가 문사를 불러모으면 원근에서 반드시 모여들었다"라고 했으니, 그가 지은 여러 책들이 혹 여러 사람들의 손에 의해서 이루어졌는지도 모를 일이다.〔『中國小說史略』 제7편, 「『世說新語』與其前後」〕

노신의 이러한 의문제기를 바탕으로 하여 그 뒤 많은 학자들이 이 견해에 동조하고 있으며, 한 걸음 더 나아가 일본인 카

와카츠 요시오川勝義雄는 유의경의 막료로 있었던 여러 문인들 가운데 사서에 나오는 사적을 살펴보면 하장유가 가장 깊이 참여했을 것이라고 주장하였다. 그러나 유의경의 그밖에 여러 저작을 살펴보면 그는 창작능력을 충분히 갖추고 있었다고 생각되므로 어디까지나 『세설신어』의 창작주체는 유의경이었을 것이다.

2) 찬집경향

『세설신어』에는 전편을 통하여 작자의 직접적인 찬집경향을 언급한 것은 찾아볼 수 없지만 내용별로 분류하여 설정한 편목을 보면 작자의 관점과 경향을 엿볼 수 있다. 그래서 요종이饒宗頤와 양용楊勇은 다음과 같은 견해를 피력했다.

- 『세설』에서 맨처음에 4과四科[「德行」·「言語」·「政事」·「文學」]를 설정한 것은 원래 유도儒道에 근본을 둔 것이다. 중권의 「방정」에서 「호상」까지는 그 미행美行을 파악할 수 있으며 그 덕성德聲을 가슴에 새길 수 있다. 하권의 상은 치우치고 극단적인 류를 분류하여 거론했으며 하권의 하는 음험하고 자질구레한 과실 등을 기술했다. 청탁淸濁에 실체가 있으며 선악을 분명하게 나누어 놓았으니 비유하자면 초목에 이미 구별이 있는 것과 같다.〔饒宗頤,「楊勇『世說新語校牋』序」〕
- 이 책[『세설신어』]은 공문4과孔門四科를 맨처음에 두고 또한 「경

저」・「배조」와 같은 편을 부가하여 선을 장려하고 악을 물리치고자 했으니 그 논지가 분명하다.〔楊勇,「『世說新語校箋』自序」〕

이상에서 요종이와 양용이 제시한 "공문사과를 맨처음에 두었다" "청탁에 실체가 있으며 선악을 분명하게 나누어 놓았다" "선을 장려하고 악을 물리치고자 했다"는 견해는 『세설신어』에 담겨 있는 작자 유의경의 찬집경향을 잘 분석한 것이라 하겠다. 즉 유가의 근본이념을 바탕으로 하여 권선징악의 취지를 담고 있다는 것이다.

『세설신어』에서는 '공문4과'를 첫 4편의 편목으로 설정한 외에, 공자를 성인이라 칭하고 유학을 성교聖敎라 했으며 유가의 주요경전인 『논어』・『시경』・『예기』・『춘추좌전』 등의 구절을 많이 차용하고 있다. 특히 「덕행」편과 「정사」편은 유가의 전통적인 충효・청렴・인애 등의 도덕기준과 덕치・인정仁政의 치국관념이 그 근간을 이루고 있으며, 유가의 명교名敎*를 옹호하는 입장을 취하고 있다. 또한 「방정」・「아량」・「현원」 등의 편명은 모두 유가의 윤리도덕 범주에 속하는 것들이다. 이는 『세설신어』의 존유관념尊儒觀念을 잘 반영한 것이라 하겠다. 다음에 그러한 예문을 들어본다.

* '명교'는 위진시대 노장철학의 가르침에 대하여 유가도덕의 실질적인 명분의 가르침을 말한다.

왕평자王平子〔王澄〕와 호무언국胡毋彦國〔胡毋輔之〕 같은 사람들은 모두 제멋대로 방종하는 것을 통달했다고 여겼는데, 그 가운데는 나체인 자도 있었다. 악광樂廣이 이를 비웃으며 말했다.

"명교名教에도 절로 즐거운 경지가 있는데 하필 그렇게까지 할 것이 뭐람!"

> 王平子・胡毋彦國諸人, 皆以任放爲達, 或有裸體者. 樂廣笑曰: "名教中自有樂地, 何爲乃爾也!"「德行」23〕

위의 고사를 보면 유의경이 악광의 말을 빌려 일부 명사들의 극단적인 방종행각에 비판을 가하고 유가의 명교를 중시하는 태도를 표명했음을 알 수 있다.

그러나 반면에 작자는 또한 예교를 무시하고 방종함을 행하던 당시 문사들의 언행에 대해서 종종 긍정적인 입장을 취하고 있는데, 이는 당시에 극성했던 노장사상의 영향에서 기인한 것이다. 그 단적인 예를 들어 보기로 한다.

고화顧和가 처음 양주종사揚州從事가 되었을 때, 초하룻날 관청에 출근하면서 들어가기 전에 관청문 밖에서 잠시 수레를 멈추었다. 그때 주후周侯〔周顗〕가 승상丞相〔王導〕을 뵈러가다가 고화의 수레 옆을 지나갔는데, 고화는 이를 잡으면서 태연히 움직이지 않았다. 주후가 이미 지나쳐 갔다가 다시 돌아와 고화의 가슴을 가리키며 말했다.

"이 속에 무엇이 있는가?"

고화는 변함없이 이를 잡으면서 천천히 대답했다.

"이 속이 가장 헤아리기 어렵습니다."

이윽고 주후가 관청으로 들어가 승상에게 말했다.

"당신 주군州郡의 관리 가운데 상서령尙書令과 복야僕射가 될 만한 인재가 한 명 있더군요."

> 顧和始爲揚州從事, 月旦當朝, 未入頃, 停車州門外, 周侯詣丞相, 歷和車邊, 和覓蝨, 夷然不動. 周旣過, 返還, 指顧心曰: "此中何所有?" 顧搏蝨如故, 徐應曰: "此中最是難測地." 周侯旣入, 語丞相曰: "卿州吏中, 有一令僕才."〔「雅量」22〕

위와 같은 내용을 「아량」편에 수록한 것은 바로 유의경의 그러한 입장을 여실히 드러낸 것이라 하겠다.

이렇듯 유의경은 『세설신어』를 창작할 때, 기본적으로 유가의 명교를 표방함과 동시에 당시의 이른바 명사들이 스스럼없이 행하던 탈예교적인 언행에 대해서도 부정하지는 않았음을 알 수 있다.

이상에서 살펴본 바를 근거로 『세설신어』 전편에 대한 유의경의 찬집경향을 정리해 보면 다음과 같다.

① 본체本體* : 「덕행」・「언어」・「정사」・「문학」 4편.
② 긍정적인 입장 : 「방정」・「아량」・「식감」・「상예」・「품조」・「규잠」・「첩오」・「숙혜」・「호상」・「용지」・「자신」・「기선」・「상서」・「서일」・「현원」・「술해」・「교예」・「총례」 18편.
③ 부정적인 입장 : 「임탄」・「간오」・「배조」・「경저」・「가휼」・「출면」・「검색」・「태치」・「분견」・「참험」・「우회」・「비루」・「혹닉」・「구극」 14편

＊「덕행」·「언어」·「정사」·「문학」의 4편은 사실상 전체 36편의 근간이 되고 있다. 즉 「덕행」에는 「방정」·「아량」·「현원」 등과 「임탄」·「간오」·「구극」 등의 정·반 측면이 다시 포함될 수 있으며, 마찬가지로 「언어」에는 「규잠」·「배조」 등이, 「정사」에는 「총례」·「출면」 등이, 「문학」에는 「술해」·「교예」 등이 포함될 수 있다. 또한 분량상으로도 이 4편이 전체의 3분의 1을 차지하고 있다. 이런 의미에서 앞 4편을 '본체'라 했다.

물론 유의경 자신이 각 편명에 대하여 아무런 설명도 하지 않았고 각 고사에도 직접적인 포폄을 가하지 않아서 이상과 같은 분류가 반드시 타당하다고는 할 수 없지만, 각 편명의 의미 분석과 전체편목의 배치순서와 각 고사에서 드러나는 우회적인 인물품평을 통하여 살펴보면 대체로 위와 같은 분류가 가능하다고 본다.

5. 내용

『세설신어』는 전체 36편에 총 1,130조의 고사가 실려 있는데, 주로 동한 말에서 동진 말까지 약 2백 년간 실존했던 제왕과 고관귀족을 비롯하여 문인·학자·현자·은자·화상·부녀자 등 7백여 명의 언행과 일화를 수록하였다. 그 가운데 70%가 넘는 797조가 동진의 인물에 관한 것이다. 우선 그 내용의 범주를 알아보기 위해 각 편의 내용을 개괄해 보면 다음과 같다.

① 「덕행」: 충의·효도·청렴·인애 등 전통적인 유가도덕에 관한 일을 기록. 총 47조.
② 「언어」: 당시 청담가들의 혜어慧語와 문인들의 교언巧言을 중심으로 기록. 당시인의 언어습관을 잘 살펴볼 수 있음. 총 108조.
③ 「정사」: 주로 동진 통치계급의 치적과 정계의 일화 수록. 당시 정치상황의 일단이 비교적 사실적으로 기록되어 있음. 총 26조.
④ 「문학」: 노장학을 중심으로 한 현학과 유학·불학 등 학술과 당시문인들의 문학활동에 관한 기록. 위진시대의 학술사상과 문학관념이 잘 드러나 있음. 총 104조.
⑤ 「방정」: 당시 현사들의 바르고 모범이 되는 행동을 기록. 총 66조.
⑥ 「아량」: 인격이 단아하고 도량이 넓은 일들을 기록. 총 42조.
⑦ 「식감」: 사리를 식별하고 시비를 감별하는 데 뛰어난 일을 기록. 총 28조.
⑧ 「상예」: 인물의 품격과 재능의 훌륭함에 대한 감상과 칭송을 기록. 총 156조.
⑨ 「품조」: 인물을 비교하고 우열을 가림으로써 품평을 가하는 일을 기록. 총 88조.
⑩ 「규잠」: 충정한 말로 서로 권계하는 일을 기록. 총 27조.
⑪ 「첩오」: 총명한 재지로 생각이 민첩하고 깨달음이 신속한 일을 기록. 총 7조.
⑫ 「숙혜」: 어린 나이에 총명한 지혜를 갖춘 일을 기록. 총 7조.
⑬ 「호상」: 기품이 호탕하고 시원스러워 범속하지 않은 일을 기록. 총 13조.

⑭ 「용지」: 주로 준수한 용모와 훌륭한 행동거지에 관한 일화를 기록. 총 39조.
⑮ 「자신」: 과오를 뉘우치고 개과천선한 일을 기록. 총 2조.
⑯ 「기선」: 남의 훌륭한 덕망을 흠모하여 따르는 일을 기록. 총 6조.
⑰ 「상서」: 죽은 사를 애도하는 여러 언행을 기록. 총 19조.
⑱ 「서일」: 산 속에서 은거하는 은자들에 관한 일을 기록. 총 17조.
⑲ 「현원」: 어진 품행을 갖춘 부녀자들의 언행을 기록. 총 32조.
⑳ 「술해」: 기예에 달통하여 의심과 어려움을 잘 풀어내는 일을 기록. 총 11조.
㉑ 「교예」: 서법·회화·조각·건축·바둑·말타기·활쏘기 등의 정교한 재주와 예술을 기록. 총 14조.
㉒ 「총례」: 신하에 대한 임금의 은총이나 하관에 대한 상관의 예우를 기록. 총 6조.
㉓ 「임탄」: 죽림칠현을 중심으로 그들의 거리낌없는 방종한 행동을 기록. 총 54조.
㉔ 「간오」: 예법을 무시하고 거만하거나 오만불손한 행위를 기록. 총 17조.
㉕ 「배조」: 비꼼과 조소를 통하여 풍자하는 일을 기록. 총 65조.
㉖ 「경저」: 남을 멸시하고 헐뜯는 일을 기록. 총 33조.
㉗ 「가휼」: 휼책譎策과 농간으로 남을 속이는 일을 기록. 총 14조.
㉘ 「출면」: 관직에서 축출되거나 파면당하는 일을 기록. 총 9조.
㉙ 「검색」: 근검절약과 인색의 두 유형의 일을 기록. 총 9조.
㉚ 「태치」: 지나치게 사치하거나 재물을 낭비하는 일을 기록. 총

12조.
㉛ 「분견」: 성질이 조급하고 쉽게 화를 내는 일을 기록. 총 8조.
㉜ 「참험」: 음험하게 남을 비방하고 모함하는 일을 기록. 총 4조.
㉝ 「우회」: 과오를 저지른 뒤 스스로 탓하고 후회하는 일을 기록. 총 17조.
㉞ 「비루」: 주의 깊게 처신하지 않아서 낭패당한 일을 기록. 총 8조.
㉟ 「혹닉」: 주로 여색을 탐닉하여 이성을 잃은 일을 기록. 총 7조.
㊱ 「구극」: 서로 원수처럼 반목하는 일을 기록. 총 8조.

이상과 같은 『세설신어』의 방대한 내용은 당시 명사들의 도덕수양이나 학술사상과 문학관념, 재능과 천품天稟, 품성과 개성, 일상생활 및 인간관계 등 철저한 '인사人事'를 기록하고 지괴적인 요소를 배제함으로써 지인소설이 갖추어야 할 내용범주의 전범을 제시하고 있다. 이러한 『세설신어』의 내용은 노신의 말대로 '명사의 교과서'가 되기에 충분하다.

다음에는 이러한 『세설신어』의 고사를 지인소설의 내용특성과 결부하여 다시 몇 가지로 분류하여 그 실제면모를 살펴보고자 한다.

1) 교화성

『세설신어』의 두드러진 내용특성 중 하나는 바로 교화성이다. 이는 앞에서도 언급했듯이 유의경의 존유관념에서 기인한 것으로 『세설신어』 전편에 걸쳐서 충효·수신·권선징악·개과천선·권면 등 교훈과 감계鑑戒를 보이는 고사가 산재해 있다.

> 왕상王祥은 계모 주부인朱夫人을 매우 정성스럽게 모셨다. 집에 자두나무 한 그루가 있어 열매가 아주 탐스러웠는데, 계모는 항상 왕상에게 그것을 지키라고 했다. 때때로 비바람이 갑자기 몰아치면 왕상은 나무를 끌어안고 울었다. 왕상이 한번은 별실에서 자고 있었는데, 계모가 어둠을 틈타 몰래 와서 그를 베어죽이려고 했다. 때마침 왕상이 소변을 보러간 터라 헛수고로 이불만 베어놓고 말았다. 왕상은 돌아와서 계모가 자기를 못 죽인 것을 몹시 유감스럽게 생각하고 있는 것을 알고는 계모 앞에 무릎 꿇고 죽음을 청했다. 그러자 계모는 이에 감동하여 잘못을 깨닫고 자기가 낳은 자식처럼 왕상을 사랑하게 되었다.
> 王祥事後母朱夫人甚謹. 家有一李樹, 結子殊好, 母恒使守之. 時風雨忽至, 祥抱樹而泣. 祥嘗在別牀眠, 母自往闇斫之, 值祥私起, 空斫得被. 旣還, 知母憾之不已, 因跪前請死. 母於是感悟, 愛之如己子.〔「德行」14〕

이 고사는 왕상이 자기를 죽이려고까지 한 계모를 오히려 지극한 효성으로 감화시켜 모자 사이의 도리를 되찾은 내용으로, 예로부터 지효至孝의 표본으로 자주 인용되는 고사다. 그밖에도 「덕행」편에는 왕융王戎과 화교和嶠의 친상에 대한 각기 다른 효행(제17조), 왕안풍王安豊의 멸성지효滅性之孝(제20조), 왕열王悅의 색양지효色養之孝(제29조), 왕수王綏와 진유陳遺의 독효篤孝(제42·45조),

오도조吳道助 형제의 진효眞孝(제47조) 등 특히 효에 관한 고사가 많이 들어 있다.

　작자가 이런 효행에 관한 고사를 「덕행」이라는 편에 실은 의도는 바로 당시 사람들로 하여금 진정한 효의 근본을 깨닫게 하고자 하는 교화성에 있다고 할 수 있다.

　진중군陳仲弓[陳寔]이 태구太丘의 현령이 되었을 때 관리 가운데 어떤 자가 어머니의 병을 사칭하여 휴가를 구했는데, 나중에 일이 발각되자 진중궁은 그를 잡아들여 형리에게 사형시키라고 명했다. 주부主簿가 그를 옥리에게 회부하여 다른 죄도 조사하도록 청하자, 진중궁이 말했다.
　"군주를 속였으니 불충이요, 거짓으로 어머니를 병들었다 했으니 불효다. 불충불효는 그 죄가 막대하니 다른 죄를 조사한들 어찌 이보다 더한 것이 있겠는가?"
　　陳仲弓爲太丘長, 時吏有詐稱母病求假, 事覺收之, 令吏殺焉. 主簿請付獄考衆罪, 仲弓曰: "欺君不忠, 病母不孝. 不忠不孝, 其罪莫大, 考求衆姦, 豈復過此?"〔「政事」1〕

　이 고사는 아무리 하찮은 일일지라도 불충불효는 죄 가운데서 가장 큰 것임을 강조하여 세인의 경각심을 불러일으키고자 하는 데 그 뜻이 있는 것으로서, 현대를 살아가는 우리들에게도 피부에 와닿는 교훈이라 하겠다.

　주처周處는 젊었을 때 성질이 매우 난폭하여 마을사람들의 근심거리였다. 또한 의흥義興의 강 속에는 교룡이 있었고 산 속에는 사나운 호랑이가 있어서 모두 백성들에게 큰 해를 끼쳤다. 의흥의 사람들은 이를 3횡三橫이라 불렀는데, 그 가운데 주처가 가장 심했다. 하루는 어떤 사람이 주처에게 어디 한번 호랑이를 죽이고 교룡을 목을 베어보라고 부추겼는데, 사실은 3횡 가운데 오직 하나만 남았으면 하는 바람에서 한 말이었다. 이에 주처는 즉시 호랑이를 찔러죽이고 다시 물로 들어가 교룡과 싸웠다. 교룡이 떴다 가라앉았다 하면서 수십 리를 갔는데 주처도 교룡과 함께 맞붙어 3일 밤낮을 경과했다.

마을에서는 모두들 주처가 이미 죽었다고 생각하고서 서로 축하했다. 마침내 교룡을 죽이고 나온 주처는 마을사람들이 서로 축하하는 소리를 듣고서 비로소 자기가 사람들의 근심거리였다는 것을 알게 되어 스스로 잘못을 고치려는 뜻을 품었다. 그래서 오吳로 들어가 2륙二陸[陸機·陸雲]을 찾아갔는데 육평원陸平原[陸機]이 집에 없었으므로 곧 육청하陸淸河[陸雲]를 만나 사정을 갖추어 고하고 덧붙여 말했다.

"스스로 잘못을 고치려고 하나 나이가 이미 많이 들어서 결국 성취하지 못할 듯합니다."

이에 육청하가 말했다.

"옛 사람들은 아침에 도를 깨달으면 저녁에 죽어도 좋다는 말을 귀히 여겼소. 하물며 그대는 아직도 앞길이 창창한 사람이오. 또한 사람은 뜻을 세우지 못함을 근심할 뿐이니 어찌 훌륭한 명성을 드날리지 못함을 걱정하겠소?"

주처는 마침내 스스로 열심히 노력하여 결국에는 충신효자가 되었다.

> 周處年少時, 兇彊俠氣, 爲鄕里所患. 又義興水中有蛟, 山中有邅跡虎, 皆暴犯百姓. 義興人謂爲三橫, 而處尤劇. 或說處殺虎斬蛟, 實冀三橫唯餘其一. 處卽刺殺虎, 又入水擊蛟. 蛟或浮或沒, 行數十里, 處與之俱, 經三日三夜. 鄕里皆謂已死, 更相慶. 竟殺蛟而出, 聞里人相慶, 始知爲人情所患, 有自改意. 乃入吳尋二陸, 平原不在, 正見淸河, 具以情告, 幷云: "欲自修改, 而年已蹉跎, 終無所成." 淸河曰: "古人貴朝聞夕死, 況君前途尙可. 且人患志之不立, 亦何憂令名不彰邪?" 處遂自改勵, 終爲忠臣孝子.〔「自新」1〕

이 고사는 다소 과장된 면이 있긴 하지만 아무리 포악한 사람일지라도 개과천선하여 열심히 수신하기만 하면 얼마든지 훌륭한 사람이 될 수 있다는 이야기로, 역시 세인들에게 권면하라는 교훈의 뜻이 깊이 깔려 있다.

그밖에도 『세설신어』에는 의리를 지키고자 죽을 각오로 도적으로부터 병든 친구를 구해낸 순거백荀巨伯의 고사〔「덕행」9〕와 자식인 왕경王經에게 충신효자의 도리를 일깨워 준 왕모王母의 고사〔「현원」10〕 등 전통적인 윤리도덕을 선양하는 고사가 많이 들어 있다. 노장사상의 유행으로 유가의 예교가 쇠미해져 가던 당시의 상황에서 교화성이 짙은 이러한 고사들은 매우 실질적이고도 적극적인 의미가 있다 하겠다.

2) 해학[풍재성

지인소설의 가장 큰 내용특성 중의 하나는 오락성에 있다.

『세설신어』에서 이러한 오락성은 주로 해학과 풍자를 통하여 나타나고 있다. 그러나 해학이 편면적인 농담이나 희학戱謔의 차원에서 그치고 만다면 해학의 진정한 가치는 찾아보기 힘들게 된다. 진정한 해학에는 풍자까지 포함되어 있어야 한다. 즉 독자는 웃고 재미있어 하면서 동시에 말 속의 뼈있는 암시를 전달받는다.

해학은 자칫 독설에 빠지기 쉬운 풍자의 날카로움을 무마해주고, 풍자는 자칫 희언戱言으로 흐르기 쉬운 해학의 경박함을 막아준다. 『세설신어』에는 전체적으로 이러한 해학과 풍자가 어우러진 고사가 많이 수록되어 있다.

공문거孔文擧(孔融)가 10살 때 아버지를 따라 낙양洛陽에 갔는데, 당시 이원례李元禮(李膺)는 명성이 자자한 자로 사례교위司隷校尉였다. 그래서 그 문을 드나드는 자는 모두 재주가 뛰어나고 고결한 선비들과 내외 친척들만이 통교했다. 공문거는 문에 이르러 관리에게 말했다.

"나는 이부군李府君(李膺)의 친척이오."

그리고는 통과하여 이원례 앞에 앉았다. 이원례가 물었다.

"그대와 내가 어떤 친척 간인가?"

공문거가 대답했다.

"옛날 저의 선조이신 중니仲尼(孔子)께서 부군의 선조이신 백양伯陽(老子)을 스승으로 존대하셨으니, 이것이 바로 저와 부군이 세세토록 친교를 맺은 증거입니다."

이 말을 듣고 이원례와 빈객 가운데 그를 기특하게 여기지 않은 사람이 없었다. 태중대부太中大夫인 진위陳韙가 나중에 오자 사람들이 그 이야기를 그에게 들려주었더니 진위가 말했다.

"어릴 때 똑똑하다고 해서 커서도 반드시 훌륭하리란 법은 없지."

그러자 공문거가 대꾸했다.

"그렇다면 당신은 어렸을 때 틀림없이 똑똑했겠군요."

이에 진위가 크게 당황해 했다.

> 孔文擧年十歲, 隨父到洛. 時李元禮有盛名, 爲司隷校尉. 詣門者, 皆儁才淸稱及中表親戚, 乃通. 文擧至門, 謂吏曰: "我是李府君親." 旣通, 前坐. 元禮問曰: "君與僕有何親?" 對曰: "昔先君仲尼, 與君先人伯陽, 有師資之尊, 是僕與君奕世爲通好也." 元禮及賓客莫不奇之. 太中大夫陳韙後至, 人以其語語之. 韙曰: "小時了了, 大未必佳." 文擧曰: "想君小時, 必當了了." 韙大踧踖.〔「言語」3〕

이 고사는 공융孔融이 어렸을 때 민첩한 기지와 언변으로 당시 명사계의 거물이었던 이응李膺을 당당하게 만나 그로부터 인정을 받고, 또한 자기를 못마땅하게 여기던 진위의 말을 되받아 그의 말문을 막아버린 내용으로서, 어린 공융의 재치있는 언어응대가 해학적으로 잘 묘사되어 있다.

왕혼王渾이 부인 종씨鍾氏와 함께 앉아 있다가 아들 왕무자王武子〔王濟〕가 뜰을 지나가는 것을 보고 흐뭇해 하면서 부인에게 말하였다.

"자식을 낳으면 저 정도는 되어야지 족히 사람의 마음을 만족

시킬 수 있지."

그러자 부인이 웃으며 말했다.

"만약 제가 참군參軍[王倫. 王渾의 동생]과 결혼해서 자식을 낳았다면 진실로 저 정도뿐만은 아니었을 것입니다."

王渾與婦鍾氏共坐, 見武子從庭過. 渾欣然謂婦曰: "生兒如此, 足慰人意."
婦笑曰: "若使新婦得配參軍, 生兒故可不啻如此"[「排調」8]

이 고사는 종씨가 아들 왕제王濟의 늠름한 모습을 보고 흐뭇해 하는 남편 왕혼을 시동생 왕륜王倫만 못하다고 은근히 꼬집은 것으로, 악의없는 종씨의 농담을 해학적으로 잘 표현했다.

사공謝公[謝安]은 당초 동산東山에 은거할 뜻을 가지고 있었으나 나중에 엄명이 자주 이르자 하는 수 없이 비로소 환공桓公[桓溫]의 사마司馬 벼슬에 나아갔다. 그때 어떤 사람이 환공에게 약초를 선물했는데, 그 가운데 원지遠志라는 약초가 있었다. 환공이 그것을 들어 사공에게 물었다.

"이 약초는 또한 소초小草라고도 하는데, 어찌하여 한 물건에 두 가지 이름이 있는 것이오?"

사공은 미처 곧장 대답하지 못했다. 그때 학륭郝隆이 동석해 있다가 곧바로 대답했다.

"그것은 매우 알기 쉬운 일입니다. 산 속에 있으면 원지가 되지만 세상에 나오면 소초가 되는 것이지요."

사공은 심히 부끄러운 기색이었다. 이에 환공이 사공을 돌아보고 웃으며 말했다.

"학참군郝參軍〔郝隆〕의 이 대답은 악의는 없지만 매우 그럴듯하구먼."

> 謝公始有東山之志, 後嚴命屢臻, 勢不獲已, 始就桓公司馬. 于時人有餉桓公藥草, 中有遠志. 公取以問謝: "此藥又名小草, 何一物而二稱?" 謝未卽答. 時郝隆在坐, 應聲答曰: "此甚易解. 處則爲遠志, 出則爲小草." 謝甚有愧色. 桓公目謝而笑曰: "郝參軍此過乃不惡, 亦極有會."〔「排調」32〕

이 고사는 학륭이 '원지'와 '소초'라는 두 가지 이름을 갖고 있는 약초를 빌어 사안의 출사出仕를 은유적으로 풍자한 것으로, 자칫하면 불미스런 악감이 생길 뻔한 상황을 환공이 분위기를 해학적으로 이끌어 무마했다.

이밖에도 『세설신어』에는 명사들의 기지에 넘치는 언변과 방탄스런 행동에 배어 있는 냉소 등 생활 속에서 자연스럽게 표출되는 위진인의 유머감각이 살아 숨쉬고 있다. 이러한 『세설신어』의 해학과 풍자는 지인소설 가운데 소화전집笑話專集이라 할 수 있는 위魏나라 한단순邯鄲淳의 『소림笑林』의 내용보다 훨씬 현실적이고 고급화(문인화)되어 있으며 그 수법도 고차원적이고 다양하여 문학성과 예술성이 모두 뛰어나다.

3) 사회고발성

위진시대는 특권귀족층에 의하여 주도되던 문벌사회로서 사족계급이 문벌에 의지하여 정치와 경제 등 사회전반에 걸쳐서 절대적인 영향력을 행사하고 있었다. 그들은 대부분 무자비한 탄압정치를 자행하고 백성들을 수탈했으며 방탕하고 사치스런 생활을 향유했다. 『세설신어』에는 이러한 사회적 모순을 객관적으로 고발한 고사가 적잖이 들어 있다.

　　석숭石崇은 손님을 초청하여 연회를 열 때마다 항상 미인들로 하여금 술을 권하게 했는데, 손님 가운데 술을 다 마시지 않는 자가 있으면 집사를 시켜 시중든 미인을 목베게 했다. 한번은 왕승상王丞相(王導)과 대장군大將軍(王敦)이 함께 석숭을 방문했다. 승상은 평소에 술을 잘 마시지 못했지만 돌아오는 술잔을 다 마시느라고 스스로 무리하여 진탕 취하고 말았다. 그러나 대장군은 자기에게 술잔이 이를 때마다 끝까지 마시지 않고서 어떻게 되나 보고 있었다. 이미 미인 세 명을 목베었지만 그는 안색조차 변하지 않은 채 여전히 마시려 하지 않았다. 이에 왕승상이 질책하자 대장군이 말했다.
　　"자기 손으로 자기 집 사람을 죽이는데 당신이 무슨 참견이오?"
　　　石崇每要客燕集, 常令美人行酒. 客飮酒不盡者, 使黃門交斬美人. 王丞相與大將軍嘗共詣崇. 丞相素不能飮, 輒自勉彊, 至於沈醉. 每至大將軍, 固不飮, 以觀其變. 已斬三人, 顔色如故, 尙不肯飮. 丞相讓之, 大將軍曰: "自殺伊家人, 何預卿事?"(「汰侈」1)

　　이 고사는 사람의 목숨을 놀이수단으로 여기는 포악하고 잔인한 사족계급의 비인도적인 행위를 묘사한 것으로, 작자 유의경은 한 마디의 가평加評없이 담담하게 기술했지만 읽는 사람은 이 고사를 실은 그의 의도를 충분히 이해하고도 남음이 있다.

무제武帝(司馬炎)가 한번은 왕무자王武子(王濟)의 집을 갔더니, 왕무자가 주찬酒饌을 내오는데 모두 유리그릇을 사용했다. 그리고 백명이 넘는 비녀들이 모두 화려한 비단옷을 입고 두 손으로 음식을 받쳐들고 있었다. 음식 가운데 찐 새끼돼지 고기가 통통하고 맛이 좋았는데 보통의 맛과는 달랐다. 그래서 무제가 이상히 여겨 물었더니 왕무자가 대답했다.

"사람의 젖을 새끼돼지에게 먹여서 그렇사옵니다."

이 말을 듣자 무제는 매우 불쾌하여 식사가 끝나기도 전에 그냥 가버렸다. 이는 왕개王愷나 석숭石崇도 생각지 못한 일이었다.

武帝嘗降王武子家, 武子供饌, 並用瑠璃器. 婢子百餘人, 皆綾羅袴羅, 以手擎飲食. 蒸豚肥美, 異於常味. 帝怪而問之, 答曰: "以人乳飲豚." 帝甚不平, 食未畢, 便去. 王·石所未知作.〔「汰侈」3〕

이 고사는 고기 맛을 좋게 하기 위하여 돼지에게 사람의 젖을 먹여 키울 정도로 사치를 부린 왕제王濟의 생활을 통하여 당시 귀족층의 부패를 단적으로 묘사하고 있다. 심지어 무제까지 염증을 느낄 정도였으니 그 심함을 가히 짐작할 만하다. 작자는 이러한 극단적인 사치행각을 무제의 행동을 통하여 간접적으로 비판을 가하고 있다.

그밖에 『세설신어』에는 이희李喜의 입을 통하여 사마경왕司馬景王(司馬師) 통치 아래의 암흑과 공포를 간접적으로 드러낸 고사〔「언어」16〕, 왕도王導의 입을 통해 선왕宣王(司馬懿)이 창업할 때 명족名族을 모두 죽이고 자기에게 동조한 사람만을 총애하여 높이 등용한 고사〔「우회」7〕 등 사회고발적인 내용이 많이 담겨 있다.

『세설신어』의 이러한 고사는 거의 대부분의 중국학자들이 특히 중점적으로 부각하여 논하고 있는데, 그들은 유의경의 직접적인 논평이 없고 이러한 고사가 실려 있는 편명이 너무 우호적이라는 점을 들어 작자의 비판의식이 결여되어 있다고 통렬히 비판하고 있다. 이는 물론 유의경 자신도 황실의 종친이라는 신분적 제약이 있었기도 하겠지만, 그보다는 그의 고사 기술방법의 차원에서 이해하는 것이 타당하다.

유의경은 긍정적인 내용의 고사나 부정적인 내용의 고사를 막론하고 전혀 자신의 논평을 가하지 않음으로써 가능한 한 객관성을 유지하고 그에 대한 포폄은 독자들에게 맡기려 한 것으로 보인다. 그러나 강도의 차이는 있을지 모르지만 유의경은 전체 고사에 대한 자신의 포폄의식을 편목설정을 통하여 나름대로 제시하고 있으며, 등장인물의 언행이나 제삼자의 입을 통하여 간접적인 비평을 가하고 있다.

4) 청담논변

『세설신어』에는 또한 위진시대 현학의 융성에서 기인한 명사들의 청담논변이 그 주요한 내용특성 중 하나를 차지하고 있다. 그래서 『사고전서간명목록四庫全書簡明目錄』에서는 『세설신어』를 "청담이 모여 있는 연못과 숲이다"라고 평했다. 『세설신어』에 수록되어 있는 위진시대 청담논변의 주요주제를 정리하면 다음과 같다.

◎ 역리易理에 관한 것: 「언상의지변言象意之辨」·「역상묘어현형론易象妙於見形論」·「역체론易體論」 등.

◎ 노장학老莊學에 관한 것: 「귀무론貴無論」·「소요론逍遙論」·「제물론齊物論」·「어부론漁父論」·「지부지론旨不至論」·「양생론養生論」 등.

◎ 유도이동儒道異同에 관한 것: 「노장여성교이동론老莊與聖教異同論」·「성인유정무정론聖人有情無情論」 등.

◎ 불리佛理에 관한 것: 「아비담론阿毗曇論」·「즉색론卽色論」 등.

◎ 인물재성人物才性에 관한 것: 「재성사본론才性四本論」 등.

◎ 기타: 「악론樂論」·「몽론夢論」 등.

이러한 청담논변은 주로 「문학」편에 집중되어 있는데 위에서 살펴보았듯이 노장학을 중심으로 한 '삼현三玄'에 관한 것이 그 주류를 이루고 있다. 당시 청담의 대가인 은중감殷仲堪은 "3일간 『도덕경道德經』을 읽지 않으면 혀뿌리가 굳어지는 것 같다"〔「문학」63〕고 할 정도였으니 노장학에 심취한 당시 명사들의 일면을 가히 짐작할 만하다. 이 가운데서 대표적인 몇 가지만 살펴보기로 한다.

은중군殷中軍〔殷浩〕·손안국孫安國〔孫盛〕·왕王〔王濛〕·사謝〔謝安〕 등 여러 청담의 명사들이 모두 회계왕會稽王〔簡文帝 司馬昱〕의 집에 모였다. 먼저 은호殷浩가 손성孫盛과 함께 「역의 상은 현실 만물의 형체보다 정묘하다〔易象妙於見形〕」에 대하여 토론했는데, 손성의 이론은 조리가 잘 들어맞아서 그 의기가 하늘에 닿을 듯했다. 좌중의 사람들은 모두 손성의 이론에 만족하지는 않았지만, 언변으로는 그를 누를 수가 없었다. 그래서 회계왕이 개연히 탄식했다.

"만약 유진장劉眞長(劉惔)이 온다면 틀림없이 그를 제압할 수 있을 텐데."

그리고서 즉시 유진장을 불러오게 했더니, 손성은 마음속으로 자기가 그만 못하리라는 것을 느꼈다. 유진장이 도착해서 손성에게 자기의 본래 이론을 먼저 말해 보라고 하자, 손성이 자기의 이론을 대강 피력했는데 역시 방금 전의 논리에 훨씬 미치지 못함을 직감했다. 이어서 유진장이 곧 2백여 언의 반론을 펼쳤는데 언의가 심원하면서도 간명하여 손성의 이론은 마침내 굴복하고 말았다. 그래서 온 좌중이 일제히 손뼉을 치고 웃으면서 오랫동안 유진장을 칭송했다.

> 殷中軍·孫安國·王·謝能言諸賢, 悉在會稽王許. 殷與孫共論「易象妙於見形」. 孫語道合, 意氣干雲. 一坐咸不安孫理, 而辭不能屈. 會稽王慨然歎曰: "使眞長來, 故應有以制彼." 卽迎眞長, 孫意己不如. 眞長旣至, 先令孫自敍本理. 孫粗說己語, 亦覺絶不及向. 劉便作二百許語, 辭難簡切, 孫理遂屈. 一坐同時拊掌而笑, 稱美良久.〔「文學」56〕

『역』은 그 뜻이 난해하여 『노』·『장』과 더불어 '삼현'의 하나로서 일찍이 청담논변의 주요주제가 되었으므로 그에 대한 청담가들의 연구와 토론이 매우 성행하였는데, 위의 고사는 그러한 풍조를 잘 보여주고 있다. 「역상묘어현형론」은 현상계에 드러나 있는 일체 만물의 형상보다 『역』의 상象이 오묘하다는 명제에 대한 논의인데 그 구체적인 내용은 「문학」56 주에 대강이 실려 있다.

『장자』「소요유」편은 예로부터 난해하여 여러 명현들이 연구하고 분석했지만 곽상郭象과 상수向秀를 뛰어넘는 해석을 할 수가 없었다. 지도림支道林(支遁)이 백마사白馬寺에서 풍태상馮太常(馮懷)과 함께 담론하면서 「소요유」편을 논했는데, 지도림은 탁월하게 두 사람을 능가하는 새로운 해석을 했으며 제가諸家와 다른 견해를 내세웠다. 이것은 모두 여러 명현들이 연구했지만 통달하지 못한 바였다. 그래서 나중에는 마침내 지도림의 해석을 쓰게 되었다.

> 莊子逍遙篇, 舊是難處, 諸名賢所可鑽味, 而不能拔理於郭·向之外. 支道林在白馬寺中, 將馮太常共語, 因及逍遙. 支卓然標新理於二家之表, 立異義於衆賢之外. 皆是諸名賢尋味之所不得. 後遂用支理.〔「文學」32〕

장학莊學에 관한 담론 가운데 가장 성행한 것 중의 하나가 바로 「소요론」이었다. 곽상과 상수 외에 여러 명사들이 이를 연구했는데, 그 가운데 가장 대표적인 것이 바로 곽상·상수의 「장주莊注」와 지도림의 「장해莊解」였다. 「문학」32 주에 인용된 「상자기·곽자현소요의向子期·郭子玄逍遙議」와 「지씨소요론支氏逍遙論」을 보면 두 설의 이동을 잘 알 수 있다.

제파提婆(僧伽提婆)가 처음 (건강建康에) 도착해서 왕동정王東亭(王珣)의 집을 위하여 『아비담阿毗曇』을 강론했다. 강론을 시작하여 반쯤 진행되었을 때, 왕승미王僧彌가 곧 말했다.

"모두 깨달았도다."

그리고는 즉시 좌중에서 몇몇 뜻이 맞는 도인들을 데리고 별실로 가서 스스로 강론했다. 제파의 강론이 끝나자 왕동정이 법강도인法岡道人에게 물었다.

"저는 도무지 이해할 수가 없는데 아미阿彌(王僧彌)는 어떻게 깨달았을까요? 그 체득한 바는 어느 정도인지요?"

법강도인이 말했다.

"대략 모두 옳게는 이해하고 있소. 물론 아직 정확하게 깨닫지 못한 곳이 약간 있긴 하지만."

> 提婆初至, 爲東亭第講『阿毗曇』. 始發講, 坐裁半, 僧彌便云: "都已曉." 卽於坐分數四有意道人, 更就餘屋自講. 提婆講竟, 東亭問法岡道人曰: "弟子都未解, 阿彌那得已解? 所得云何?" 曰: "大略全是. 故當小未精覈耳."(「文學」64)

위진시대에는 불리佛理가 노장철학과 어울리는 과정에서 특색있는 중국의 불학으로 정착되면서 청담논변의 또 하나의 주요한 주제가 되었는데, 위의 고사는 불리의 강론이 세간에 널리 퍼져 있었던 당시의 풍조를 잘 반영하고 있다. 『아비담』은 '대법大法'·'무비법無比法'이라는 뜻으로 해석되며 삼장三藏(經·律·論)의 요체로서 심오한 마음의 경지를 읊은 게송偈頌을 말하는데, 그것에 관한 의론을 「아비담론」 또는 「아비담심론阿毗曇心論」이라 한다. 「문학」 64 주에 실려 있는 혜원慧遠법사의 「아비담심서阿毗曇心序」에 그 대강이 실려 있다.

이상에서 위진시대 청담논변에 관한 대표적인 고사를 몇 조 살펴보았는데, 이러한 고사들은 『세설신어』가 기타 지인소설에 비하여 내용상 강한 철학성을 띠고 있는 주된 요인이 되고 있다. 『세설신어』 이전에 『어림語林』과 『곽자郭子』에도 청담에 관한 논변과 일화가 수록되어 있으나 『세설신어』의 내용이 훨씬 광범위하고 심화되어 있다.

6. 제재운용

『세설신어』는 대부분 역사상 존재했던 실제인물의 실제언행을 중심제재로 했으므로 우선 그 사실성寫實性이 두드러진다. 이는 사전문학史傳文學의 영향 외에 당시 문사들의 사실중시 풍조에서 기인한 것이다. 이러한 『세설신어』의 사실성은 당나라 시대 『진사晉史』를 편찬할 때 그 내용을 많이 채록한 것에서 입증된다.

그러나 한편으로 『세설신어』의 전체 고사는 완전한 실록식의 기록이 아니라 종종 작자의 적당한 허구와 과장이 가미되어 있다. 여기서 말하는 허구란 지괴소설에서 보이는 비현실적인 것이 아니라 어디까지나 대상인물과 그에 관한 언행이 사실에 부합하지 않는 정도의 차원에 지나지 않는다. 그 단적인 예로 앞에서 인용한 바 있는 「자신」편의 「주처자신周處自新」 고사를 들 수 있다. 사서의 기록을 통하여 살펴보면 주처가 성년이 되었을 때 육기陸機 형제는 아직 세상에 태어나지도 않았으므로 주처가 육운陸雲을 찾아가 그의 격려에 힘입어 충신효자가 되었다는 것은 작자가 지어낸 것으로 보인다.

『세설신어』의 이러한 허구적 측면을 당나라 유지기劉知幾는 '망언'이라고까지 혹평했으나, 이는 사가史家의 안목에서 『세설신어』를 평가한 것이므로 타당하다고는 볼 수 없다. 사실 그대로의 기록은 역사이지 소설이 아니기 때문이다. 우리가 『세설신어』를 소설이라고 부르는 이유 중의 하나가 바로 여기에 있는 것이다. 따라서 이러한 측면을 일찍이 인식한 호응린胡應麟과 기윤紀昀의 다음과 같은 평어는 매우 주목할 만한 가치가 있다 하겠다.

◦ 『세설신어』는 현언玄言을 위주로 했으므로 기사紀事와 비교할 바가 아니다. 유지기는 실록이 아니라고 비판했지만 그것은 흠이 되지 않는다.〔胡應麟, 『少室山房筆叢』 권29, 「九流緖論下」〕
◦ 유의경이 기술한 바를 유지기의 『사통』에서 심하게 공박했으나, 유의경은 본래 소설가의 언어로 썼고 유지기는 사법史法으로 이를 공박했으므로 조리가 맞지 않아 올바른 평론이라 할 수 없다.〔紀昀, 『四庫全書總目提要』 권140, 「子部·小說家類」〕

이상과 같은 호응린과 기윤의 평어는 『세설신어』의 특성, 더 나아가 지인소설의 특성을 정확하게 인식해낸 것이라 하겠다.

사실상 『세설신어』는 기본적으로 사실을 주요제재로 삼았지만 부분적으로 작자 자신의 창작능력을 바탕으로 하여 다시 윤색한 것이다. 『세설신어』는 제재운용에 있어서 종종 이러한 허실의 적절한 조화를 구사하여 대상인물의 특성을 보다 생동감있게 부각시켰으며 사실을 그대로 기록하는 것보다 훨씬 큰 문학적 효과를 거두고 있다. 이는 여타 위진남북조 지인소설에서도 공통적으로 나타나는 특성이다.

7. 구성

『세설신어』의 구성적 특성은 지인소설 구성방식의 전형으로서 다음의 몇 가지를 들 수 있다.

첫째, 고사의 편폭이 매우 짧다.

『세설신어』의 고사는 보통 100여 자 정도로 하나의 고사를 이루고 있는데 짧은 것은 10여 자밖에 안되는 것도 있다.

> ◎유윤劉尹[劉惔]이 말했다. "맑은 바람이 부는, 달 밝은 밤이면 문득 허현도許玄度[許詢]가 떠오른다."
> 劉尹云: "淸風朗月, 輒思玄度."[「言語」73]

> ◎세간에서 주후周侯[周顗]를 품평했다. "깎아지른 산처럼 준엄하다."
> 世目周侯: "嶷如斷山."[「賞譽」56]

> ◎사공謝公[謝安]이 말했다. "유윤劉尹[劉惔]의 언담은 치밀하고 상세하다."
> 謝公云: "劉尹語審細."[「賞譽」116]

◎ 왕광록王光祿(王蘊)이 말했다. "술은 정말로 사람을 저절로 고원高遠하게 만든다."

王光祿云: "酒正使人人自遠."〔「任誕」35〕

◎ 왕평자王平子(王澄)는 겉모습은 산뜻하고 말쑥하지만, 속마음은 실제로 꼿꼿하고 협기俠氣가 있다.

王平子形甚散朗, 內實勁俠.〔「讒險」1〕

이상의 고사는 모두 10여 자 내외에 불과하다. 『세설신어』에서 가장 긴 고사도 300~400자를 넘지 않는다. 이러한 짧은 편폭은 수많은 대상인물의 언행 가운데 가장 정채롭고 특출한 부분만을 모아 기록해야 하는 지인소설의 기술형식에서 비롯하는 것이다. 이러한 특성은 자연히 묘사언어의 간결성을 요하게 되고 그로 인하여 의미가 매우 함축적인 경향을 띠게 된다. 같은 시대의 지괴소설에 비하여 완정한 고사성을 갖춘 고사가 절대적으로 부족한 가장 큰 이유가 바로 여기에 있는 것이다.

둘째, 주제에 따른 편목설정이다.

『세설신어』를 이루고 있는 수많은 단편적인 고사들은 서로 직접적인 연관관계가 전혀 없으며 다만 일정한 편목(주제) 아래 내용적으로 유사한 고사들이 모아져 있을 뿐이다. 그래서 각각의 고사를 따로 떼어놓았을 때는 그것이 갖는 의미가 모호해질 수가 있으며, 하나의 편목 안에 들어 있는 전체고사를 종합해 봐야만 비로소 작자가 제시하는 주제가 드러나게 되는 것이다. 이 경우 편목이 매우 중요한 역할을 하는데, 이러한 편목설정의 구성특성은 유향劉向의 『신서新序』·『설원說苑』과 유소劉劭의 『인물지人物志』 등에서 영향을 받은 것으로 이전의 지인소설에서는 보이지 않는 『세설신어』의 독특한 구성방식이라 하겠다. 또한 각 편목 안에 들어 있는 고사는 대부분 등장인물의 시대순으로 배열되어 있어서 일정한 체재성을 유지하고 있다.

    셋째, 중심인물이 없다.

    『세설신어』의 또 다른 구성특성은 중심인물이 없다는 점인데 이 경우는 여타 지인소설과 마찬가지이다. 각각의 고사마다 서로 다른 인물이 등장한다. 그 중에는 한 사람이 여러 조에 등장하기도 하는데, 사안謝安은 무려 114조에 걸쳐서 등장하고 있다. 그러나 그를 중심인물이라고 할 수는 없다. 이러한 구성특성은 대상인물의 언행과 사적을 여러 측면에서 분석하여 각 편목에 분산시켜 놓았으므로 개개인의 전체적인 면모를 파악하기 어려운 단점도 있다.

    이상에서 살펴본 『세설신어』의 구성특성은 인물과 사건을 기록하는 데 있어서 비교적 광범위한 내용을 자유롭게 표현할 수 있는 장점이 있는 반면에, 근대적인 의미의 소설로 발전하지 못하고 필기류에 머무르게 되는 결점이 있기도 하다. 그러나 중국소설의 발전과정에 있어서 단단히 한몫은 해냈다고 여겨진다.

8. 묘사

『세설신어』의 묘사적 특성은 크게 다음의 몇 가지로 나누어 볼 수 있다.

첫째, 인물묘사의 핍진성逼眞性.

『세설신어』의 인물묘사 특성을 한마디로 표현하면 '핍진' 그 자체이다. 대상인물의 밖으로 드러난 풍모는 물론이고 내재적인 감정과 정신면모까지도 그려내어 수많은 인물이 지면에서 살아 움직이는 듯하다. 특히 일상생활의 사소한 부분을 잘 포착하여 인물의 성격을 표현하는 데 뛰어나다.

> 왕람전王藍田[王述]은 성질이 급했다. 한번은 계란을 먹는데 젓가락으로 찔렀으나 잡히질 않자 곧 크게 화를 내며 땅바닥에 집어던졌다. 계란이 땅에서 떼굴떼굴 굴러가면서 멈추지 않자 곧장 땅으로 뛰어내려가 나막신의 굽으로 밟았으나 역시 밟히지 않았다. 왕람전은 극도로 화가 치밀어 다시 땅에 있는 계란을 주워 입에 넣고 이빨로 콱 깨문 뒤에 뱉었다.
>> 王藍田性急. 嘗食鷄子, 以箸刺之不得, 便大怒, 擧以擲地. 鷄子于地圓轉未止, 仍下地以屐齒蹋之, 又不得, 瞋甚, 復于地取內口中, 齧破卽吐之.〔「忿狷」2〕

이 고사는 왕람전의 성격이 얼마나 급한지를 그의 사소한 행동을 통하여 생생하게 묘사하고 있는데, 다소 과장된 면이 있 긴 하지만 계란을 '젓가락으로 찌르고' '신발로 밟고' '입으로 깨무는' 점층적인 묘사가 인물의 조급한 성격을 더욱 부각시키고 있다. 『세설신어』의 이러한 인물묘사 수법은 그 형상성과 생동감이 뛰어나 지인소설 묘사예술의 극치에 이르렀다 하겠다.

둘째, 내면의 심리묘사.

『세설신어』는 등장인물 내면의 심리상태를 직접적으로 언급하지 않고 그의 언행을 담담히 기술하고 있지만, 그 이면에는 등장인물의 복잡한 심리상태가 고스란히 담겨 있다.

> 사공謝公[謝安]이 손님과 바둑을 두고 있었는데, 잠시 후 사현謝玄이 회수淮水에서 보낸 사신이 도착했다. 사공은 서찰을 다 보고 나서 묵묵히 아무 말도 하지 않은 채 천천히 바둑판을 향했다. 손님이 회수에서의 승패를 물었더니, 이렇게 대답했다.
> "조카놈들이 적을 대파했다는군요."
> 사공은 안색이나 행동거지가 평상시와 다름없었다.
>
> 謝公與人圍棊, 俄而謝玄淮上信至. 看書竟, 默然無言, 徐向局. 客問淮上利害, 答曰: "小兒輩大破賊." 意色擧止, 不異於常.〔「雅量」35〕

이 이야기를 제대로 이해하기 위해서는 먼저 '회수에서의 승패'가 역사적으로 어떤 의미가 있는지를 알아야 한다. '회수에서의 승패'는 동진東晉 효무제孝武帝 때 전진前秦과 벌인 '비수대전

淝水大戰'을 말한다. 전진의 부견苻堅은 383년에 남쪽의 동진을 정벌하기 위해 백만대군을 이끌고 내려왔는데, 당시 동진의 재상이었던 사안謝安은 동생 사석謝石, 조카 사현 등을 앞세워 이에 맞서지만 그들은 숫자적으로 전진의 10분의 1밖에 안되는 열악한 상황이었다. 그러나 배수背水의 진陣을 치고 필사의 각오로 싸운 동진군은 기적과 같은 승리를 거두게 되었다. 이 전쟁은 동진의 운명을 결정짓는 너무나도 중요한 한판 승부였다.*

> *비수대전 이후 북부지역은 10개국으로 분열되어 있다가 선비족인 탁발씨拓跋氏가 세운 북위北魏에 의해 통일되어 130여 년에 걸친 5호16국시대가 끝나고 북조시대가 열렸다.

다음으로 사안의 침착한 언행에 내포되어 있는 의미를 파악해야 한다. 사씨 일족의 운명은 물론이고 동진국가 전체의 흥망이 달려 있는 절체절명의 순간에 사안은 태연히 바둑을 두었으며, 손님이 전쟁의 승패에 대해 물었을 때에도 그저 남 얘기하듯 대수롭지 않게, 이겼다고 말한다. 그러나 그의 속마음은 그야말로 뛸 듯이 기뻤을 것이다.*

> *『진서晉書』권79 「사안전謝安傳」에 따르면, 사안은 승전보를 듣고 집으로 돌아간 뒤 너무 기쁜 나머지 문지방을 건너다가 신발 굽이 부러진 것도 못 느낄 정도였다고 한다. 이것을 보면 사안의 속마음이 어떠했는지 짐작이 가고도 남는다.

하지만 사안은 그러한 기쁜 마음을 겉으로 드러내지 않았다. 왜 그랬을까? 여기에는 당시 명사들이 갖추어야 할 덕목 가운데 하나였던 '지신至愼'의 사회적 분위기가 깔려 있다. '지신'은 어떤 일에 대한 희로애락의 감정이나 어떤 사람에 대한 호오의 감정을 밖으로 드러내지 않고 신중을 기하는 태도를 말한다. 이러한 '지신'의 태도는 위진시대의 사인들이 격렬한 왕권쟁탈의 와중에서 화를 피하고 목숨을 보전할 수 있었던 처세방법 가운데 하나였던 것이다.

셋째, 간결하고 함축적인 언어묘사

『세설신어』의 묘사언어는 간결하고 정련되어 있으며 함축미가 농후하여 고도의 표현예술성을 지니고 있다. 그래서 명나라 시대 호응린은 "그 언어를 읽어보면 진晉나라 사람들의 모습과 기상이 눈에 보이는 듯 생동감 넘치고, 문장이 간결하고 심오하며 진정한 운치가 무궁하여 고금의 절창絶唱이다"고 했으며, 노신도 "기록된 언어는 심원하고 준일하며, 기록된 행실은 고상하고 진기하다"라고 평했다. 이러한 평은 『세설신어』 언어묘사의 특성을 잘 대변해 주는 것이라 하겠다. 특히 『세설신어』는 대상인물을 묘사함에 있어서 단지 몇 글자만으로도 그 사람의 특성을 명쾌하게 드러내는 데 뛰어난 표현역량을 보이고 있다.

> 왕융王戎에게는 좋은 오얏나무가 있었는데, 이를 팔 때 다른 사람이 그 씨를 얻게 될까봐 걱정하여 항상 씨에 구멍을 뚫었다.
> 王戎有好李, 常賣之恐人得其種, 恒鑽其核.〔「儉嗇」4〕

이 고사는 '항찬기핵恒鑽其核'이라는 네 글자로 왕융의 인색한 본성을 명쾌하게 묘사했다.

『세설신어』의 언어묘사는 이러한 간결하고 함축적인 특성으로 인하여 성어와 경구로 정착된 것이 많다. 예를 들어 '등용문登龍門'·'난형난제難兄難弟'·'소시료료小時了了'·'오우천월吳牛喘月'·'회심불원會心不遠'·'천암경수, 만학쟁류千巖競秀, 萬壑爭流'·'동상탄복東床坦腹'·'옥산장붕玉山將崩'·'산살위개看殺衛玠'·'표여유운, 교약경룡飄如游雲, 矯若驚龍'·'전신아도傳神阿堵'·'침석수류枕石漱流'·'점지가경漸至佳境' 등등이 그러한 경우이다. 『세설신어』의 이러한 특성은 후대 문학작품의 취재고사는 물론이고 어휘와 수사의 미화에도 좋은 영향을 미쳤다.

넷째, 대화와 구어의 폭넓은 운용.

『세설신어』는 거의 각 고사마다 대상인물의 대화를 통하여 묘사하고 있는데, 이것은 작자가 직접 서술하는 것보다 더 큰 실제적인 감동을 줄 수 있다. 신분과 인품과 학식 등이 제각기 다른 수많은 인물을 핍진하게 그려내는 데는 무엇보다도 등장인물 자신의 언어를 통하여 묘사하는 것이 효과적이다. 또한 구어는 묘사의 생동감을 더 한층 높여준다. 『세설신어』를 비롯한 지인소설의 묘사가 신선하고 생동감있게 느껴지는 이유는 바로 이러한 대화와 구어의 운용효과가 크게 작용했기 때문이라고 할 수 있다.

은중군殷中軍〔殷浩〕이 한번은 유윤劉尹〔劉惔〕의 집을 찾아가서 오래도록 청담을 나누었는데, 은중군은 논리가 점점 막혀가는데도 그치지 않고 계속해서 말을 늘어놓았다. 유윤은 더 이상 대답하지 않고 있다가 은중군이 돌아간 뒤에 이렇게 말했다.

"촌놈! 〔뜻도 모르는 주제에〕 억지로 남을 흉내내어 그와 같은 말을 지껄이다니!"

殷中軍嘗至劉尹所, 淸言良久, 殷理小屈, 遊辭不已. 劉亦不復答, 殷去後, 乃云: "田舍兒! 强學人作爾馨語!"〔「文學」33〕

이 고사는 잘 이해하지도 못하면서 현리玄理를 논하려 한 은호殷浩를 유담劉惔이 비꼬는 내용인데, 유담의 말 가운데 '전사아田舍兒'는 남을 얕잡아 보는 말로 시골뜨기란 뜻이고, '형馨'은 육조인들이 즐겨 쓰던 어조사로 주로 '여…형如…馨'의 형태로 쓰이며 '…한', '…과 같은'의 의미이다. 그밖에 '아노阿奴〔친밀한 관계에 사용되는 2인칭대명사〕'·'아도阿堵〔이것. 阿는 발어사, 堵는 此의 뜻〕'·'발솔勃窣〔키가 작아서 어기적대며 걷는 모양〕'·'굴굴窟窟〔突出과 같은 뜻으로 남보다 훨씬 뛰어남〕' 등등도 당시인이 자주 사용하던 구어들이다. 이러한 대화와 구어를 통한 묘사수법은 위진남북조 지인소설의 주요한 묘사특성 중의 하나이다.

이상에서 살펴본 『세설신어』의 내용·제재·구성·묘사의 각 특성은 전체 위진남북조 지인소설의 특성을 잘 대변해 주는 것으로, 지인소설의 전성기적인 면모를 분명하게 확인할 수 있는 증거라 하겠다. 그래서 『세설신어』는 위진남북조 지인소설의 전범으로서 중국소설사상 '지인'이라는 소설양식을 확립하는 데 결정적인 역할을 했다.

9. 세설체 문학

사실상 위진남북조인들은 지괴소설보다 지인소설을 더 중시했는데, 그것은 당시 문사들의 명성과 밀접한 관계가 있었기 때문이었다. 당시 문사들은 현학과 청담에 능해야만 명사로서 행세할 수 있었다. 그렇게 하려면 명사들의 청담논변과 현학적인 언어응대가 집약되어 있는『세설신어』와 같은 저작을 보지 않으면 안되었다. 이는 바로 지인소설의 실제적인 공효성이 지괴소설보다 높았음을 말해 주는 것이다.『세설신어』는 이러한 시대적 요구를 잘 반영한 대표적인 저작으로서 내용상 지괴의 울타리를 완전히 벗어나고 철저히 인사를 기록하여 지괴소설과 완전히 다른 새로운 소설양식을 확립했다.

『세설신어』의 중국소설사상 의의는 바로 제자·사전史傳·지괴의 굴레를 완전히 벗어나 지인소설을 독립된 소설양식으로 확립했다는 데 있다.『세설신어』에는 제자서諸子書의 설교적인 분위기나 국가대사를 기록한 사서의 요소를 찾아보기 힘들 뿐만 아니라 지괴고사도 완전히 배제되어 있어서 진정한 지인소설로서의 면모를 확실하게 갖추고 있다. 다시 말해『세설신어』

에 실려 있는 대부분의 고사는 실존인물의 실제언행을 다루었지만, 사서처럼 생애와 가세家世와 주요공적을 나열하지는 않았다. 또한 우언고사처럼 설교와 의론이 들어 있지도 않으며 인물의 언행 가운데 가장 정채롭고 감동적인 부분만을 뽑아 수록한 것이다.

『세설신어』는 중국 지인소설의 전범이며, 당시 '명사들의 교과서'로 인식될 정도로 애독되었다. 그 결과 후대의 여러 작가들이 본받는 지표가 되어 당나라 시대부터 민국 초까지 역대로 그것의 서명·체재·문체 등을 모방한 속서續書들을 많이 지음으로써, 중국 지인소설사상 이른바 '세설체世說體 문학'이라는 영역을 형성했다.

『세설신어』의 속서는 크게 두 부류로 대별된다.

첫째는 여러 조대나 특정한 한 조대의 인물고사를 시대순으로 수록한 작품이다. 이것은 『세설신어』의 적계嫡系라고 할 수 있는데, 『세설신어』 속서의 대부분을 차지한다. 전자에는 당나라 이후李垕의 『남북사속세설南北史續世說』, 왕방경王方慶의 『속세설신서續世說新書』, 송나라 공평중孔平仲의 『속세설續世說』, 명나라 하량준何良俊의 『하씨어림何氏語林』, 왕세정王世貞의 『세설신어보世說新語補』, 조신曹臣의 『설화록舌話錄』, 청나라 양유추梁維樞의 『옥검존문玉劍尊聞』 등이 속한다. 그리고 후자에는 당나라 유숙劉肅의 『대당신어大唐新語』, 송나라 왕당王讜의 『당어림唐語林』, 명나라 이소문李紹文의 『명세설신어明世說新語』, 초횡焦竑의 『옥당총어玉堂叢語』, 청나라 오숙공吳肅公의 『명어림明語林』, 장무공章撫功의 『한세설漢世說』, 왕탁王晫의 『금세설今世說』, 민국 역종기易宗夔의 『신세설新世說』 등이 여기에 속한다.

둘째는 특정한 부류나 지역의 인물고사를 전문적으로 수록한 작품으로, 『세설신어』의 방계傍系라고 할 수 있다. 전자에는 명나라 조유趙瑜의 『이세실兒世說』, 청나라 이청李淸의 『여세설女世說』, 엄형嚴蘅의 『여세설』, 안종교顔從喬의 『승세설僧世說』 등이 속하고, 후자에는 청나라 이연시李延昰의 『남오구화록南吳舊話錄』 등이 속한다.

이러한 작품들은 모두 『세설신어』의 서명·체재·문체 등을 의도적으로 모방하여 지어진 것으로, 다른 지인소설과 구별되는 일군의 '세설체 문학'을 독립적으로 이루고 있다. 이러한 '세설체 문학'은 일반적으로 그 문학예술성이 『세설신어』에 미치지 못한다고 평가되지만, 각기 다른 시대배경하에서 창작되어 각기 다른 인물고사와 사회문화를 반영하고 있기 때문에 『세설신어』와 차별되는 독특한 특징과 가치를 지니고 있다.

『세설신어』를 포함한 '세설체 문학'의 고사 대부분은 오늘날의 문학적 견지에서 본다면, 결코 '소설'이 아니라 단지 '소설적인 의미'를 갖추고 있다고 할 수 있다. 이러한 작품들은 비록 인물고사의 완정完整한 구성과 내용상의 복잡한 전개를 추구하지 않지만, 오히려 간결함으로 그 문학예술적 특징을 잘 드러내고 있다. 즉 아주 짤막한 편폭 안에서 생동감 넘치는 필치로 대상인물의 풍모를 효과적으로 묘사하여 독자들에게 사색의 여백을 남겨주는데, 그것의 작용과 효과는 단편소설과 다름이 없다. 이러한 작품들은 편목(주제)에 따른 분류편집, 간단한 편폭, 흥미로운 고사, 수려한 문체, 찾아 읽기 편리함 등의 다양한 특징을 갖추고 있기 때문에, 중국 고대소설 가운데 독특한 풍격을 지닌 한 유파를 형성하여 그 영향력이 지대하다.

『세설신어』는 '세설체 문학'의 원류로서 확고부동한 위치를 차지하고 있다. 『세설신어』에 구현된 제반특징을 도출하여 전체 '세설체 문학'이 일반적으로 갖추어야 할 요소를 적시摘示해 보면, 내용상으로는 '인사人事'와 '인물품평', 형식상으로는 '편목설정'과 '짧은 편폭', 묘사상으로는 '핍진성'과 '함축성'을 들 수 있다. 이러한 요소는 '세설체 문학'을 정의하고 범주화하는 데 하나의 기본적인 준거로 활용할 수 있을 것이다.

제2장 『세설신어』의 인물품평 세계

　『세설신어』는 고사 전체가 인물품평에 관한 것이라고 해도 과언이 아닐 정도로 『세설신어』에 있어서 인물품평이 차지하는 비중은 지대하다. 즉 전체 1,130조의 고사를 36가지의 키워드로 인물의 다양한 면모를 품평한 것이라고 할 수 있다.

　중국에서 인물에 대한 품평은 이미 『논어論語』에서부터 그 단초가 보이지만, 사회적으로 보다 구체적인 의미를 갖게 된 것은 동한東漢 때 성행했던 청의淸議와 위魏나라 때 실시한 구품관인법九品官人法에서 찾을 수 있다.

　청의*는 원래 정치의 득실에 대한 논의나 정치인에 대한 논평이었는데 거기에는 인물품평의 요소가 담겨 있었다. 그래서 『후한서後漢書』 「허소전許劭傳」의 기록을 보면 "허소와 허정許靖은 모두 명성이 높았는데 함께 향당鄕黨의 인물을 평론하기를 좋아하여 매달 그 품제品題를 바꿨다. 그래서 여남汝南의 풍속에 '월단평月旦評'이라는 말이 생겨났다"라고 하여, 당시에 그러한 풍조가 성행했음을 가히 짐작할 수 있다.

＊한漢나라의 관리등용은 지역사회 사인士人들의 인물평〔鄕論〕을 참작하여 고관들이 인재를 천거하는 제도로 이루어져 있었다. 한나라 말에 들어오면 유교 지식층의 광범위한 세력형성에 따라 지방의 군국郡國이나 도성의 태학太學을 중심으로 전국적인 사인들의 인적 교류를 바탕으로 한 여론이 형성되었는데, 사인사회의 향론적 질서를 침해하는 환관주도의 부패정치에 대한 그들의 비판적 정치여론을 '청의'라고 한다. 이러한 청의는 환관과의 대립으로 말미암아 결국 '당고黨錮의 화'를 불러일으켰으며, 그 이후로 청의는 정치비판이라는 본래의 성향에서 벗어나 점차 순수한 인물품평의 성향을 띠게 되었다.

이러한 인물품평의 풍조는 정치상의 인재추천제도와도 일치하는 것으로서, 좋은 품평을 얻은 자는 '효렴孝廉'·'현량賢良'·'방정方正' 등의 명예를 얻게 되어 조정의 부름을 받아 벼슬길에도 오를 수 있었다. 그러나 인물을 품평하는 데는 직접적으로 특정한 인물을 지칭하게 마련이므로 일찍이 당고黨錮의 화禍＊를 비롯하여 수많은 정치적 박해를 불러일으켰다. 또한 위진시대에 들어와서는 조조曹操와 사마씨司馬氏 정권의 공포정치로 말미암아 더 이상 감히 정치를 논할 수가 없었다.

＊앞에서 거론한 청의의 주요한 공격대상은 외척과 환관들이었으며 이들과 직접적으로 격렬한 충돌을 일으킨 사람들은 청의를 중시하던 조정 안의 사인들이었다. 그래서 마침내 환관들이 환제桓帝를 사주하여 제생諸生이 조정을 비방한다는 이유로 그 중 2백여 명을 검거하고 이를 당인黨人이라 지목하여 관리임용을 금했는데, 이것이 제1차 '당고의 화'이다. 그 뒤 환제가 죽자 두황후竇皇后는 조카뻘 되는 12세의 영제靈帝를 옹립하여 황태후로서 조정을 보살피면서 대신大臣 진번陳蕃과 함께 그를 보좌했는데, 이들은 환관이 점점 더 세력을 증대시켜 정치에 간섭함을 보고 이를 억제하려다가 도리어 환관

들이 먼저 반란을 일으켜 살해당하고 말았다. 그리고 그 당파라고 지목받아 죽은 자가 1백여 명이었고 금고된 자가 6,700여 명에 달했다. 이것이 제2차 '당고의 화'이다. 이러한 일련의 정치변란은 그 뒤 동한이 멸망하게 된 주요원인 중의 하나로 작용했다.

구품관인법*은 무능한 후한後漢의 관리들을 도태시키고 지방에 숨어 있는 유능한 인재를 발굴하여 등용하겠다는 조조의 뜻을 계승한 제도로 중정관中正官의 추천에 의한 관리선발법이었는데, 그 품평서인 품장品狀은 간결한 언어로 해당 인물의 본질을 평가했으므로 추상적인 표현이 많았다.

* 구품중정제九品中正制라고도 한다. 관직의 등급을 1품에서 9품까지 구분하고 관품官品에 따라 대우를 달리한 것을 말한다. 중앙정부에서는 지방의 주州·군郡에 중정관中正官을 설치하고, 관내 사관仕官 지망자의 덕행과 재능을 심사하여, 1품에서 9품까지의 등급〔鄕品〕을 매겨 내신서를 작성하게 했는데, 대개 향품보다 4등급 낮추어 초임시켰다. 이 법은 본래 정실에 좌우되지 않고 개인의 재덕才德에 따라 등용하는 것을 목적으로 했으나, 현실적으로는 반대의 결과를 초래했다. 즉 유력자의 자제는 향품 2품으로 사정되어 그 집안의 기득권으로 바뀌었고, 이에 미치지 못한 한사寒士와의 사이에 커다란 단절이 발생했다. 또한 같은 관품 안에서도 상류자가 오르는 청관淸官과 하류자가 오르는 탁관濁官의 구별이 생겼다. 이에 인사를 담당하는 이부吏部에서는 귀족의 계보를 외워두고 가문의 고하에 따라 임관시켰다. 이 제도는 남조의 송宋나라와 제齊나라 때 절정을 이루었다가 북조 때 황제권력의 강화로 점차 쇠퇴했으며 수나라 문제文帝 때 과거제도가 시행됨에 따라 폐지되었다.

이러한 사회적 배경하에서 위진시대에는 당시 유행하던 노장사상과 불학을 중심으로 한 현학玄學의 영향을 받아 정치와는 동떨어진 순수한 철학적 담론인 청담의 기풍이 진작되어 청의의 정치적 성격에서는 벗어났으나, 인물의 품격·기질·언행에 대한 품평은 오히려 더욱 성행하여 개인의 명예에 대한 성패가 종종 한 마디의 평어에 의해 결정되곤 했다. 따라서 인물의 품평이 집약된 서책의 필요성이 자연히 대두되었는데, 『세설신어』는 바로 그러한 시대적 요구에 부응하여 나온 것이었다.

다음의 고사는 당시 인물품평의 사회적 영향력을 대변해 주고 있다.

> 진식陳寔이 향리에 있을 때 주군州郡에서 해결할 수 없는 의심나는 송사가 있으면 모두 진식에게 가지고 왔다. 어떤 사람은 와서 사실을 고백하기도 하고, 어떤 사람은 도중에 말을 바꾸기도 하고, 어떤 사람은 흥분과 두려움으로 호소하기도 했다. 모든 사람들은 이렇게 말했다.
>
> "차라리 형벌에 의해 고통받을지언정 진군陳君〔陳寔〕에게 비판받지는 않겠다."
>
> 寔之在鄉里, 州郡有疑獄不能決者, 皆將詣寔. 或到而情首, 或中途改辭, 或託狂悖. 皆曰: "寧爲刑戮所苦, 不爲陳君所非."〔「言語」6 注〕

『세설신어』에는 인물품평에 관한 다양한 유형과 방법이 제시되어 있으며 그 품평어는 고도로 함축된 언어예술성을 보여주고 있다. 그 품평의 실제방법은 품평자가 대상인물의 본성·재능·식견 등 다양한 특성을 직접적으로 서술하여 품평하는 경우, 대상인물의 특성을 다른 사람이나 사물에 비유하여 품평하는 경우, 두 사람이나 그 이상의 대상인물에 대하여 그들의 언행·재능·품덕·위의威儀·진퇴 등을 통해 서로의 우열과 고하를 비교하여 품평하는 경우 등으로 나눌 수 있다.

『세설신어』의 인물품평 특성은 청담이 풍미하던 당시의 시대사상과 밀접한 관계가 있는 것으로, 특히 위진남북조시대의 미학적 심미의식을 이해하는 데 중요한 참고자료이기도 하다. 이러한 심미의식에 대한 촉진은 자연스럽게 섬세한 감수성을 발달시켰다. 위진남북조시대가 극심한 정치적 혼란 속에서도 음악·건축·회화·서예·문학론 등의 발달과 각종 문화교류 및 충돌을 통해 '역동적인 제2의 백가쟁명百家爭鳴시대'로 평가되는 것도 바로 이 때문이다.

1. 덕행 : Virtuous Conduct

「덕행德行」편의 내용은 충의·효도·청렴·인애仁愛와 같은 전통적인 유가도덕을 칭송한 것이 대부분이지만, 일부 고사는 당시의 시대적인 특성에 따른 도덕규범을 칭송한 것도 있다. 예를 들어 완적阮籍이 취했던 '지신至愼'의 처세태도는 위진의 사인士人들이 격렬한 왕권쟁탈의 와중에서 화를 피하고 목숨을 보전할 수 있었던 방법 가운데 하나였다. 유의경이 이러한 고사를

「덕행」편에 실었다는 것은 바로 전통적인 '덕행'의 개념이 당시의 시대환경에 의해 변모되었음을 의미한다.

전통적인 유가의 예교禮敎는 군주에 대한 '충'과 부모에 대한 '효'를 근간으로 하고 있는데, 「덕행」편에는 '효'에 관한 고사는 많지만 '충'에 관한 고사는 거의 보이지 않는다. 그 이유를 노신魯迅은 「위진 풍격과 문장 및 약과 술의 관계〔魏晉風度及文章與藥及酒之關係〕」라는 글에서 "〔위진시대에는〕 왜 효로써 천하를 다스리려 했는가? 제위帝位를 선양받았다고는 하지만 그것은 교묘한 수단이나 힘으로 빼앗은 것이었으므로, 만약 충으로 천하를 다스려야 한다고 주장하면 그들의 입장이 불안해지고 일처리가 곤란해지며 입론立論도 어려워지기 때문이었다"라고 했다. 그래서 제위찬탈자들은 종종 '효'를 표방하면서 반대파 사족士族들의 저항을 진압했는데, 공융孔融·혜강嵇康·여안呂安을 비롯한 한말·위진의 많은 명사들이 모두 '불효'라는 죄명으로 죽음을 당하였다. 우리는 「덕행」편을 통하여 당시 사람들이 가졌던 '덕행'에 대한 개념과 그 양상을 충분히 유추해낼 수 있을 것이다.

□ 용문에 오르다〔登龍門〕

등용문登龍門 : 입신출세를 위한 중요한 관문. 유력자의 추천이나 임용을 받아 명성을 떨치다. 과거에 급제하다.

이원례李元禮〔李膺〕는 풍격이 수려하고 엄정했으며 고상하게 스스로 높은 긍지를 지니고 있어서, 세상에 명분名分의 가르침을 펴고 시비를 바로잡는 것을 자기의 임무로 삼으려 했다. 후배 된 선비로서 그의 당堂에 올라 수업을 받은 자는 모두 '용문龍門*에 올랐다'고 여겨졌다.

* 용문은 일명 하진河津이라고도 하며, 장안長安에서 900리 떨어져 있다. 물이 매달린 듯 가파르게 떨어져서 거북이나 물고기 등이 거슬러 올라갈 수가 없는데, 올라가기만 하면 용으로 변화한다고 한다.(『三秦記』)

李元禮風格秀整, 高自標持, 欲以天下名敎是非爲己任. 後進之士, 有升其堂者, 皆以爲登龍門.

□ **형 되기도 어렵고 동생 되기도 어렵다**[難兄難弟]

난형난제難兄難弟 : 재주나 기량이 서로 비슷하다. 막상막하莫上莫下.

진원방陳元方[陳紀]의 아들 진장문陳長文[陳群]은 영특한 재주가 있었는데, 진계방陳季方[陳諶]의 아들 진효선陳孝先[陳忠]과 더불어 각기 자기 아버지의 공덕을 논하면서 다투었으나 결론이 나지 않았다. 그래서 할아버지인 진태구陳太丘[陳寔]에게 물었더니, 진태구가 이렇게 말했다.

"원방은 형 되기 어려우며, 계방은 동생 되기 어렵다."

陳元方子長文有英才, 與季方子孝先, 各論其父功德, 爭之不能決. 咨於太丘, 太丘曰: "元方難爲兄, 季方難爲弟."

□ **자리를 갈라 따로 앉다**[割席分坐]

할석분좌割席分坐 : 친구와의 교분을 끊고 같은 자리에 앉지 않다. 친구와 절교하다.

관녕管寧과 화흠華歆이 함께 동산에서 채소밭을 호미질 하다가 땅에 금 조각이 있는 것을 보았다. 관녕은 호미질을 계속하면서 금 조각을 기와나 돌과 다름없이 여겼지만, 화흠은 그것을 주워서 던져버렸다. 또 한번은 자리를 같이 하고 책을 읽고 있었는데, 훌륭한 마차를 타고 면류관을 쓰고 문 앞을 지나가는 사람이 있었다. 관녕은 여전히 변함없이 책을 읽었지만, 화흠은 책을 덮고 나가서 구경했다. 그러자 관녕은 자리를 갈라 따로 앉으면서 말했다.

"그대는 내 친구가 아니네!"

> 管寧·華歆共園中鋤菜, 見地有片金. 管揮鋤與瓦石不異, 華捉而擲去之. 又嘗同席讀書, 有乘軒冕過門者. 寧讀書如故, 歆廢書出看. 寧割席分坐曰: "子非吾友也!"

□ **왕상의 지극한 효성**[王祥至孝]*

＊ 왕상의 계모는 자주 왕상을 무고하고 매번 무리한 일로 왕상을 부렸다. 그럴 때마다 이복동생인 왕람王覽이 왕상과 함께 일을 했으며, 또한 왕상의 처를 심하게 부리면 왕람의 처도 역시 달려가 함께 일하곤 하여 계모가 그것을 걱정했다. 한번은 몹시 추워 물이 얼었는데 계모가 산 잉어를 먹고 싶어 했다. 왕상은 옷을 벗고 얼음을 깨고 들어가 잉어를 잡으려 했는데, 그때 마침 얼음이 약간 갈라진 곳에서 잉어가 튀어나왔다.〔『晉陽秋』〕

왕상王祥은 계모 주부인朱夫人을 매우 정성껏 섬겼다. 집에 열매가 아주 탐스러운 자두나무 한 그루가 있었는데, 계모는 항상 왕상에게 그것을 지키라고 했다. 때때로 비바람이 갑자기 몰아치면 왕상은 나무를 끌어안고 울었다. 왕상이 한번은 별실에서 자고 있었는데 계모가 어둠을 틈타 와서 그를 베어 죽이려 했다. 마침 왕상이 소변을 보러간 터라 헛수고로 이불만 베고 말았다. 왕상은 돌아와서 계모가 〔자기를 못 죽인 것을〕 몹시 유감스럽게 생각하고 있는 것을 알고는 계모 앞에 무릎 꿇고서 죽음을 청했다. 계모는 이에 감동하여 잘못을 깨닫고 자기 자식처럼 그를 사랑하게 되었다.

> 王祥事後母朱大人甚謹. 家有一李樹, 結子殊好, 母恒使守之. 時風雨忽至, 祥抱樹而泣. 祥嘗在別牀眠, 母自往闇斫之. 値祥私起, 空斫得被. 旣還, 知母憾之不已, 因跪前請死. 母於是感悟, 愛之如己子.

□ 완적의 지극히 신중한 태도[阮籍至愼]

진晉나라의 문왕文王〔司馬昭〕은 완사종阮嗣宗〔阮籍〕이 지극히 신중하다고 칭찬했다. 매번 그와 더불어 담론할 때마다 그 말은 모두 현묘하고 심원했으며, 한번도 인물의 선악을 품평한 적이 없었다.

> 晉文王稱阮嗣宗至愼. 每與之言, 言皆玄遠, 未嘗臧否人物.

□ 완유가 수레를 불태우다[阮裕焚車]

완광록阮光祿〔阮裕〕이 섬현剡縣에 있을 때 좋은 수레가 있었는데, 빌려달라는 사람에게는 모두 빌려주지 않은 적이 없었다. 어떤 사람이 모친을 장례지내면서 그 수레를 빌리고 싶었으나 감히 말을 하지 못했다. 완광록이 나중에 그것을 듣고 탄식하며 말했다.

"나에게 수레가 있지만 사람들로 하여금 감히 빌려가지 못하게 했으니, 이 수레를 어디에 쓰겠는가?"

그리고는 마침내 수레를 불태워버렸다.

> 阮光祿在剡, 曾有好車, 借者無不皆給. 有人葬母, 意欲借而不敢言. 阮後聞之, 歎曰: "吾有車而使人不敢借, 何以車爲?" 遂焚之.

□ 범선의 청렴결백[范宣廉潔]

범선范宣이 8살 때 후원에서 채소를 뜯다가 잘못하여 손가락을 다쳐 엉엉 울고 있자, 어떤 사람이 물었다.

"아파서 그러느냐?"

범선이 대답했다.

"아프기 때문이 아니라 〔『효경孝經』에서〕 '신체발부身體髮膚는 감히 훼상毁傷해서는 안된다'고 했기 때문에 우는 것입니다."

범선은 품행이 청렴결백하여 한예장韓豫章〔韓伯〕이 그에게 비단 100필을 주었으나 받지 않았다. 다시 50필을 감하여 주었으나 역시 받지 않았다. 이렇게 반씩 감하여 마침내 1필까지 내려갔으나 끝내 받지 않았다.

한예장이 나중에 범선과 함께 수레를 탔을 때, 수레 안에서 비단 2장丈〔2장은 반 필에 해당함〕을 끊어 범선에게 주면서 말했다.

"사람이 어찌 자기 부인을 고쟁이 없이 다니게 할 수 있겠는가?"

그러자 범선이 웃으면서 받았다.

> 范宣年八歲, 後園挑菜, 誤傷指, 大啼, 人問: "痛邪?" 答曰: "非爲痛, 身體髮膚, 不敢毁傷, 是以啼耳!" 宣潔行廉約, 韓豫章遺絹百匹, 不受. 減五十匹, 復不受. 如是減半, 遂至一匹, 旣終不受. 韓後與范同載, 就車中裂二丈

與范, 云: "人寧可使婦無巾軍邪?" 范笑而受之.

□ 지극한 효성에 대한 보답[純孝之報]

 오군吳郡의 진유陳遺는 집안에서 지극히 효성스러웠다. 그의 어머니는 솥 밑에 누른 누룽지를 좋아했는데, 진유는 군의 주부主簿가 되어서도 항상 자루 하나를 가지고 다니면서 밥을 지을 때마다 누룽지를 긁어모아 돌아와서 어머니께 드리곤 했다. 후에 손은孫恩의 반군이 오군에 나타나자 원부군袁府君[袁山松]은 그날로 바로 정벌에 나섰다. 그때 진유는 여러 말의 누룽지를 모았지만 미처 집에 돌아갈 겨를이 없어서 마침내 그것을 메고 종군했다. 호독滬瀆의 싸움에서 패하여 병사들이 뿔뿔이 흩어져 산속으로 도망했지만 대부분 굶어죽었다. 그러나 진유만은 누룽지 때문에 살아남게 되었는데, 당시 사람들은 지극한 효성에 대한 보답이라고 여겼다.

> 吳郡陳遺, 家至孝. 母好食鐺底焦飯, 遺作郡主簿, 恒裝一囊, 每煮食, 輒貯錄焦飯, 歸以遺母. 後値孫恩賊出吳郡, 袁府君卽日便征. 遺已聚斂得數斗焦飯, 未展歸家, 遂帶以從軍. 戰於滬瀆, 敗, 軍人潰散, 逃走山澤, 皆多饑死. 遺獨以焦飯得活. 時人以爲純孝之報也.

2. 언어: Speech and Conversation

「언어言語」편은 위진 명사들이 일상생활에서 나눈 대화를 중심으로 기록했는데, 여기에 반영된 생활면모가 매우 광범위하고 함의 또한 매우 풍부하다. 수많은 대화 속에는 교묘한 논변 방법, 민첩한 기지, 심오한 철리, 당시 명사들의 다양한 인생태도, 자연물을 형상화한 고도의 표현수법 등이 담겨 있어서 위진시대의 독특한 언어풍격이 잘 드러나 있다. 이러한 언어풍격은 당시에 유행한 청담淸談과 밀접한 관련이 있다.

□ 어렸을 때 똑똑하다[小時了了]

공문거孔文擧[孔融]가 10살 때 아버지를 따라 낙양洛陽에 갔었는데, 당시 이원례李元禮[李膺]는 명성이 자자한 자로 사례교위司隷校尉였다. 그래서 그 집 문을 드나드는 자는 모두 재주가 뛰어나고 고결한 선비들이었으며 내외 친척들만이 통교했다. 공문거가 문에 이르러 문지기에게 말했다.
"나는 이부군李府君[李膺]과 친척 간입니다."
그리고는 통과하여 이원례 앞에 앉았더니, 이원례가 물었다.
"그대와 내가 어떤 친척 간인가?"
공문거가 대답했다.
"옛날 저의 선조이신 중니仲尼[孔子 孔丘]께서 당신의 선조이신 백양伯陽[老子 李耳]을 스승으로 존대하셨으니, 이것이 바로 저와 당신이 세세토록 친교를 맺은 증거입니다."
그러자 이원례와 빈객들이 모두 그를 기특하게 여겼다. 태중대부太中大夫 진위陳韙가 나중에 들어오자 사람들이 그 이야기를 그에게 들려주었더니, 진위가 말했다.

"어릴 때 똑똑하다고 해서 커서도 반드시 훌륭하리라는 법은 없지!"

그러자 공문거가 이렇게 대꾸했다.

"그렇다면 당신은 어렸을 때 틀림없이 똑똑했겠군요!"

진위는 크게 당황해 했다.

> 孔文擧年十歲, 隨父到洛. 時李元禮有盛名, 爲司隸校尉. 詣門者皆儁才淸稱, 及中表親戚乃通. 文擧至門, 謂吏曰: "我是李府君親." 旣通, 前坐, 元禮問曰: "君與僕有何親?" 對曰: "昔先君仲尼, 與君先人伯陽, 有師資之尊, 是僕與君奕世爲通好也." 元禮及賓客莫不奇之. 太中大夫陳韙後至, 人以其語語之, 韙曰: "小時了了, 大未必佳!" 文擧曰: "想君小時必當了了!" 韙大踧踖.

☐ 엎어진 새집엔 온전한 알이 없다[覆巢無完卵]

복소무완란覆巢無完卵 : 전체가 위험에 처하면 개인도 온전치 못하다.

공융孔融이 체포되자 조정의 안팎이 모두 두려워했다. 당시 공융의 아들은 큰놈이 9살이었고 작은놈이 8살이었는데, 두 아들은 못치기놀이를 하면서 조금도 당황하는 기색이 없었다. 공융이 사자使者에게 말했다.

"죄가 내 몸에서 그쳤으면 좋겠소. 두 아들은 온전할 수 있겠소?"

그러자 두 아들이 천천히 다가오면서 말했다.

"아버님께서는 엎어진 새집 아래서 깨지지 않고 온전한 알이 있는 것을 보셨습니까?"

얼마 뒤에 이들도 또한 잡혀 들어갔다.

孔融被收, 中外惶怖. 時融兒大者九歲, 小者八歲, 二兒故琢釘戲, 了無遽容. 融謂使者曰: "冀罪止於身. 二兒可得全不?" 兒徐進曰: "大人豈見覆巢之下, 復有完卵乎?" 尋亦收至.

□ 훔쳐 마시는 술은 배례하지 않는다[偸酒不拜]

종육鍾毓·종회鍾會 형제가 어렸을 때, 아버지가 낮잠 자는 틈을 타서 함께 약주를 훔쳐 먹었다. 아버지는 이때 깨어 있었지만 잠든 척하고 이를 지켜보았다. 종육은 배례拜禮한 뒤에 마셨으나 종회鍾會는 마시면서도 배례하지 않았다. 나중에 아버지가 종육에게 물었다.

"왜 배례했느냐?"

종육이 대답했다.

"술을 마시는 것은 그것으로써 예가 되기 때문에 감히 배례하지 않을 수 없었습니다."

아버지가 다시 종회에게 물었다.

"왜 배례하지 않았느냐?"

종회가 대답했다.

"훔치는 것은 본래 예가 아니기 때문에 배례치 않았습니다."

鍾毓兄弟小時, 值父晝寢, 因共偸服藥酒. 其父時覺, 且託寐以觀之. 毓拜而後飲, 會飲而不拜. 旣而, 問毓: "何以拜?" 毓曰: "酒以成禮, 不敢不拜." 又問會: "何以不拜?" 會曰: "偸本非禮, 所以不拜."

□ 오 땅의 물소는 달만 보아도 헐떡거린다[吳牛喘月]

오우천월吳牛喘月 : 더위 먹은 소, 달만 보아도 헐떡거린다. 자라

보고 놀란 가슴 솥뚜껑 보고 놀란다. 국에 덴 놈, 물 보고도 불고 마신다.

〔남방출신인〕 만분滿奮은 바람을 몹시 싫어했다. 한번은 진晉나라 무제武帝〔司馬炎〕와 자리를 함께 했는데, 북쪽 창이 유리병풍으로 되어 있어서 실제로는 빈틈없이 가려져 있었지만 훤히 비쳐서 마치 비어 있는 듯했다. 만분이 난처한 표정을 짓자 무제가 그를 보고 웃었더니, 만분이 이렇게 대답했다.

"신은 오吳땅 물소가 달을 보고도 헐떡이는 것과 같사옵니다."

滿奮畏風. 在晉武帝坐, 北窓作琉璃屛, 實密似疎. 奮有難色, 帝笑之, 奮答曰: "臣猶吳牛見月而喘."

□ 청허함이 날로 쌓이고 찌꺼기가 날로 빠져나간다[淸虛日來, 滓穢日去]

유공庾公〔庾亮〕이 주백인周伯仁〔周顗〕을 만나보러 갔더니, 주백인이 말했다.

"그대는 무엇이 그리도 기쁘고 즐겁기에 부쩍 살이 쪘소?"

유공이 말했다.

"그대는 무엇이 그리 근심이 되고 걱정이 되기에 부쩍 살이 빠졌소?"

그러자 주백인이 말했다.

"나는 근심하는 것이 없소. 다만 청허함이 날로 쌓이고 나쁜 찌꺼기가 날로 빠져나갈 뿐이오."

庾公造周伯仁, 伯仁曰: "君何所欣說而忽肥?" 庾曰: "君復何所憂慘而忽瘦?" 伯仁曰: "吾無所憂. 直是淸虛日來, 滓穢日去耳."

□ 중생을 구제하느라 피곤하다[疲於津梁]

진량津梁 : 부처가 중생의 고뇌를 구제하고 깨달음의 경지에 이르게 하다. 중생을 피안彼岸의 세계로 건네주다.

유공庾公[庾亮]이 일찍이 절에 들어가 누워 있는 불상을 보고 말했다.

"이 사람은 중생을 구제하느라 피곤한 것이로다."

당시 사람들은 이를 명언이라 여겼다.

> 庾公嘗入佛圖, 見臥佛, 曰: "此子疲於津梁." 于時以爲名言.

□ 갯버들의 자태와 송백의 자질[蒲柳之姿 松柏之質]

포류지자蒲柳之姿 : 일찍 쇠약해지는 체질.
송백지질松柏之質 : 나이 들수록 강건해지는 체질.

고열顧悅은 간문제簡文帝[司馬昱]와 동갑이었는데도 머리가 일찍 희어졌다. 간문제가 말했다.

"경은 어찌하여 먼저 백발이 되었소?"

고열이 대답했다.

"갯버들의 자태는 가을을 바라보면 잎을 떨구지만, 송백의 자질은 서리를 맞으면 더욱 무성하기 때문이옵니다."

> 顧悅與簡文同年, 而髮蚤白. 簡文曰: "卿何以先白?" 對曰: "蒲柳之姿, 望秋而落, 松柏之質, 經霜彌茂."

□ 음악으로 울적한 마음을 씻어내다[絲竹陶寫]

사태부謝太傅[謝安]가 왕우군王右軍[王羲之]에게 말했다.

"중년에 접어들어 슬픔과 기쁨에 마음 상하고 친구와 이별하면, 문득 며칠간 착착함에 휩싸입니다."

그러자 왕우군이 말했다.

"나이가 노년에 이르면 자연히 그렇게 되지요. 그럴 때면 정작 음악에 의지하여 울적함을 씻어버리려고 하지만, 자식들이 이를 알아차리고서 나의 즐거운 정취를 방해할까봐 늘 걱정이랍니다."

謝太傅語王右軍曰: "中年傷於哀樂, 與親友別, 輒作數日惡." 王曰: "年在桑楡, 自然至此. 正賴絲竹陶寫, 恒恐兒輩覺, 損欣樂之趣."

☐ 눈을 버들개지에 비겨 읊다[詠絮之才]

영서지재詠絮之才 : 시가詩歌를 잘 짓는 여성의 재능.

사태부謝太傅[謝安]가 눈 내리는 추운 날 집안에 모여 아이들과 함께 문장을 강론하고 있었다. 잠시 후 눈이 갑자기 펑펑 내리자, 사공謝公[謝安]이 기뻐하며 말했다.

"흩날리는 흰 눈이 무엇과 같은고[白雪紛紛何所似]?"

형[謝據]의 아들인 사호아謝胡兒[謝朗]가 말했다.

"'공중에 소금을 뿌리네'라고 하는 것이 거의 비슷할 듯합니다[撒鹽空中差可擬]."

그러자 형[謝奕]의 딸이 말했다.

"'버들 솜이 바람에 일어나네'라고 하는 것만 못합니다[未若柳絮因風起]."

이에 사공이 크게 웃으며 기뻐했다. 그녀는 바로 사공의 큰형 사무혁謝無奕[謝奕]의 딸로 좌장군 왕응지王凝之의 부인이다.

謝太傅寒雪日內集, 與兒女講論文義. 俄而雪驟, 公欣然曰: "白雪紛紛何所似?" 兄子胡兒曰: "撒鹽空中差可擬." 兄女曰: "未若柳絮因風起." 公大笑樂. 卽公大兄無奕女, 左將軍王凝之妻也.

□ 천 개의 바위가 빼어남을 다투고 만 개의 골짜기가 흐름을 다투다[千巖競秀 萬壑爭流]

천암경수 만학쟁류千巖競秀 萬壑爭流 : 산수의 경치가 아름답다. 천봉만학千峰萬壑이 경치를 자랑하다.

고장강顧長康[顧愷之]이 회계會稽에서 돌아왔는데, 어떤 사람이 그곳 산천의 아름다움에 대해 묻자 고장강이 이렇게 말했다.

"천 개의 바위가 빼어남을 다투고 만 개의 골짜기가 흐름을 다투는데, 초목이 그 위를 온통 뒤덮고 있어서 마치 구름이 피어오르고 노을이 짙게 깔린 듯하더이다."

顧長康從會稽還, 人問山川之美, 顧云: "千巖競秀, 萬壑爭流, 草木蒙籠其上, 若雲興霞蔚*."

* 운흥하울雲興霞蔚: 운증하울雲蒸霞蔚. 경치가 화려하고 찬란하다.

□ 마주대할 겨를이 없다[應接不暇]

응접불가應接不暇 : 경치가 너무 아름다워서 눈이 쉴 틈이 없다.

왕자경王子敬[王獻之]이 말했다.

"산음山陰의 길을 따라 걷노라면, 산천이 서로 마주 비추며 어우러져 있어서 사람에게 하나하나 마주볼 겨를을 주지 않는다. 가을에서 겨울로 접어드는 때는 더욱 마음속의 정회를 표현하기 어렵다."

王子敬云: "從山陰道上行, 山川自相映發, 使人應接不暇. 若秋冬之際, 尤難爲懷."

□ 지초와 난초, 옥수[芝蘭玉樹]
　지란옥수芝蘭玉樹 : 덕성이 고상하고 품행이 훌륭한 자제.

　사태부謝太傅[謝安]가 여러 자제와 조카에게 물었다.
　"너희들은 또한 어떻게 남의 일에 참여하여 그들을 훌륭하게 만들고자 하느냐?"
　아무도 말하는 자가 없었는데, 사거기謝車騎[謝玄]가 나서서 대답했다.
　"비유하자면 지초와 난초, 옥수玉樹를 그들의 섬돌과 뜰에서 자라게 하고자 할 따름입니다."

　　謝太傅問諸子姪: "子弟亦何預人事, 而正欲使其佳?" 諸人莫有言者, 車騎答曰: "譬如芝蘭玉樹, 欲使其生於階庭耳."

□ 난초가 되어 꺾이고 옥이 되어 부서지다[蘭摧玉折]
　난최옥절蘭摧玉折 : 군자·재사才士·미인 등이 요절夭折하다.

　모백성毛伯成[毛玄]은 자신의 재기를 자부하여 늘 이렇게 말했다.
　"차라리 난초가 되어 꺾이고 옥이 되어 부서질지언정, 들쑥이 되어 무성하거나 약쑥이 되어 번성하지는 않겠다."

　　毛伯成旣負其才氣, 常稱: "寧爲蘭摧玉折, 不作蕭敷艾榮."

□ 성덕이 깊고도 무겁다[聖德淵重]
　성덕연중聖德淵重 : 임금의 덕이 훌륭하다.

환현桓玄이 제위를 찬탈한 뒤에 어좌御座가 약간 내려앉자 여러 신하들이 당황해 했다. 그때에 시중 은중문殷仲文이 나아가 아뢰었다.

"그것은 틀림없이 성덕聖德이 깊고도 무거워서 두터운 땅도 견딜 수 없기 때문일 것입니다."

당시 사람들은 그 말을 훌륭하다고 여겼다.

> 桓玄既纂位後, 御牀微陷, 君臣失色. 侍中殷仲文進曰: "當由聖德淵重, 厚地所以不能載." 時人善之.

3. 정사: Affairs of State

「정사政事」편은 주로 동진東晉 통치지배 계급의 치적治績과 정계政界의 일화를 수록했는데, 당시 정치상황의 일단이 비교적 사실적으로 기록되어 있다. 위진 정계의 기풍은 일반적으로 청담을 숭상하고 실제업무에는 힘쓰지 않았다. 이러한 기풍이 조성된 이유 가운데 하나는 벼슬길이 거의 가문家門에 의해 결정되고 개인적인 노력과는 별 관계가 없었기 때문이었고, 다른 하나는 벌족閥族들 사이의 투쟁이 격렬하여 지나친 성실과 열성이 도리어 자신에게 해를 끼치게 될 가능성이 있었기 때문이었다.

따라서 「정사」편에 수록된 고사 가운데 일부분은 전통적인 인정仁政에 관한 것이지만, 그밖에 상당부분은 당시의 정치상황과의 타협에서 생겨난 일종의 방임적인 시정施政에 관한 것이다. 그 전형적인 인물이 바로 '간이簡易'함과 '무위이치無爲而治'의 방법을 취한 왕도王導이다. 「정사」편의 고사에 대한 올바른 감상과 공정한 평가를 위해서는 반드시 동진 정치의 실제상황을 함께 이해할 필요가 있다.

□ 덕으로 달래고 인으로 어루만지다[綏德撫仁]

진원방陳元方(陳紀)이 11살 때 원공袁公을 방문했는데 원공이 물었다.

"그대의 부친[陳寔]이 태구太丘의 현령으로 있을 때 원근의 사람들이 모두 칭송했는데, 시행한 바가 무엇이었는가?"

진원방이 말했다.

"저희 부친께서 태구에 계실 때 강폭한 자는 덕德으로 달래고 유약한 자는 인仁으로 어루만져 각기 편안한 바를 따르게 했더니, 날이 갈수록 더욱 부친을 경애했습니다."

다시 원공이 말했다.

"내가 지난날 일찍이 업鄴의 현령으로 있을 때도 바로 그러한 일을 행했었지. 그러니 그대의 부친이 나를 본받았는지 내가 그대의 부친을 본받았는지 모르겠군."

그러자 진원방이 말했다.

"주공周公과 공자孔子는 시대를 달리하여 세상에 나왔지만 그 몸가짐과 행동이 그야말로 똑같았습니다. 그러나 주공은 공자를 스승삼지 않았고 공자도 주공을 스승삼지 않았습니다."

> 陳元方年十一時, 候袁公. 袁公問曰: "賢家君在太丘, 遠近稱之, 何所履行?" 元方曰: "老父在太丘, 彊者授之以德, 弱者撫之以仁, 恣其所安, 久而益敬." 袁公曰: "孤往者嘗爲鄴令, 正行此事. 不知卿家君法孤, 孤法卿父?" 元方曰: "周公·孔子, 異世而出, 周旋動靜, 萬里如一. 周公不師孔子, 孔子亦不師周公."

□ 뭇 백성들과 공유하다[與衆共之]

여중공지與衆共之 : 여민동지與民同之·여민동락與民同樂. 백성과 더불어 즐기다.

왕안기王安期(王承)가 동해군東海郡의 태수로 있을 때, 어떤 말단 관리가 연못 속의 물고기를 훔쳤다. 주부主簿가 그를 심문하자, 왕안기가 말했다.

"[옛날 주周나라] 문왕文王의 동산은 뭇 백성들과 공유했다. 연못의 물고기가 무에 그리 아깝단 말인가?"

> 王安期爲東海郡, 小吏盜池中魚, 綱紀推之. 王曰: "文王之囿, 與衆共之. 池魚復何足惜?"

□ 이 노망을 그리워하겠지[思此憒憒]

왕승상王丞相(王導)은 만년에 거의 정사는 돌보지 않고 다만 봉사封事*와 녹문錄文**만 처리하면서 스스로 탄식하며 말했다.

"사람들은 날더러 노망들었다고 하지만, 후인들은 틀림없이 이 노망을 그리워하겠지!"

＊ 주장문서奏章文書. 밀봉한 상주문. 봉주封奏·봉장封章·봉소封疏

라고도 한다.

※ 부명지서符命之書. 하늘이 천자天子가 될 사람에게 내려주는 경사스런 징조, 또는 그 상서로움과 천자의 공덕을 찬양한 문장.
丞相末年, 略不復省事, 正封籙諾之. 自歎曰: "人言我憒憒, 後人當思此憒憒!"

□ 톱밥과 대나무 조각[木屑竹頭]

복설죽두木屑竹頭 : 죽두목설竹頭木屑. 톱밥이나 대나무 조각과 같은 하찮은 물건. 하찮은 물건도 요긴하게 쓸 정도로 살림살이를 알뜰살뜰하게 하다.

도공陶公[陶侃]은 성품이 근검했으며 모든 일에 열심이었다. 그는 형주자사荊州刺史로 있을 때, 배 만드는 관리에게 명하여 그 양의 많고 적음에 관계없이 톱밥을 모으라고 했는데 모두들 그 뜻을 이해하지 못했다. 나중에 신년 조회식을 거행하게 되었는데, 마침 쌓였던 눈에 햇빛이 들어서 관청 앞뜰에 쌓인 눈을 치웠지만 여전히 질퍽거렸다. 이에 톱밥으로 이를 모두 덮었더니 전혀 문제가 되지 않았다. 관청에서 대나무를 사용할 때도 그 조각을 모두 모으게 했더니 산처럼 쌓였다. 나중에 환선무桓宣武[桓溫]가 촉蜀을 정벌하면서 배에 장치를 할 때 그것으로 대못을 만들어 썼다. 또 전하기로는, 관할지역의 모든 대나무 삿대를 징발하라 했는데 어떤 관리가 뿌리까지 캐서 삿대의 밑받침으로 쓰자, 도공이 그를 두 계급 특진시켰다고 한다.

陶公性檢厲, 勤於事. 作荊州時, 敕船官悉錄鋸木屑, 不限多少, 咸不解此意. 後正會, 值積雪始晴, 聽事前除雪後猶濕. 於是悉用木屑覆之, 都無所妨. 官用竹, 皆令錄厚頭, 積之如山. 後桓宣武伐蜀, 裝船, 悉以作釘. 又云, 嘗發所在竹篙, 有一官長連根取之, 仍當足, 乃超兩階用之.

□ 머리를 수그리고 문서를 보다[低頭看文]
저두간문低頭看文 : 실제업무에 충실하다.

왕몽王濛과 유담劉惔이 임공林公[支遁]과 함께 하표기何驃騎[何充]를 방문했는데, 하표기는 문서만 보면서 그들을 돌아보지도 않았다. 왕몽이 하표기에게 말했다.
"우리가 지금 일부러 임공과 함께 그대를 만나보러 왔으니, 그대는 잠시 일상업무일랑 제쳐두고 현담玄談에 응대해야지 어찌하여 머리를 수그린 채 이것만 들여다보고 있소?"
그러자 하표기가 말했다.
"내가 이를 봐놓지 않으면 그대들이 어찌 살아 있을 수 있겠소?"
사람들은 그 말을 훌륭하다고 여겼다.

> 王‧劉與林公共看何驃騎, 驃騎看文書不顧之. 王謂何曰: "我今故與林公來相看, 望卿擺撥常務, 應對共言, 那得方低頭看此邪?" 何曰: "我不看此, 卿等何以得存?" 諸人以爲佳.

□ 하루에도 온갖 기미가 일어난다[一日萬機]
일일만기一日萬機 : 하루 사이에도 만 가지 일이 일어나다. 국사國事를 담당하는 제왕의 바쁜 모습.

간문제簡文帝[司馬昱]가 승상으로 있을 때, 국사가 해를 넘긴 뒤에 처리되곤 했다. 환공桓公[桓溫]이 그 더딤을 매우 걱정하면서 늘 권면하자, 태종太宗[簡文帝]이 말했다.
"[『서경書經』에서] '하루에도 온갖 기미가 일어난다'고 했으니, 어찌 속히 처리할 수 있겠소?"

簡文爲相, 事動經年, 然後得過. 桓公甚患其遲, 常加勸勉, 太宗曰: "'一日萬機', 那得速?"

4. 문학: Letters and Scholarship

『세설신어』가 창작될 당시의 '문학文學'이라는 개념은 오늘날과는 달리 사실상 학술과 문학의 통칭으로 쓰였다. 한나라 말 이래로 사람들의 사상성이 점차 해방됨에 따라 인물의 개성과 정감을 직접 표현한 문학이 갈수록 사람들의 중시를 받아 독립적인 경향을 띠기 시작했다. 이른바 '문학자각'의 시대가 시작된 것이었다. 「문학」편은 바로 이러한 시대적 영향을 받아 학술과 문학의 두 부분으로 구성되어 있는데, 「칠보작시七步作詩」를 경계로 하여 그 이전은 학술에 관한 것이고 그 이후는 문학에 관한 것이다.

학술부분은 삼현三玄[老·莊·易]을 중심으로 유학·명리학·현학·불학 등을 포괄하고 있는데, 위진시대 학술사상의 변천과정과 위진 현학의 발전맥락 및 현학과 기타 학술 사이의 관계를 비교적 분명하게 살펴볼 수 있어서 위진 현학을 연구하는 데 중요한 자료가 되고 있다. 그 가운데에는 당시 명사들의 학술활동에 관한 일화가 많이 수록되어 있는데, 예를 들어 저부褚

袁와 손성孫盛이 남북 사인士人의 서로 다른 학풍에 대해서 논한 것은 학술연구를 지리조건과 연관시킨 것으로 후대의 문학환경론에 많은 영향을 미치기도 했다.

문학부분은 당시 문인들의 활발한 문학활동에 관한 일화는 물론이고 각종 문체에 관한 언급과 여러 작품에 대한 비평 및 작가의 재식才識에 대한 논평 등이 실려 있다. 또한 문학특성에 대한 당시인의 인식이 심화되었음을 살펴볼 수 있는데, 예를 들어 '문文'과 '필筆'을 구분한 것은 위진 문체론 발전의 일면을 보여주는 것으로 볼 수 있다. 그밖에 작자·작품·독자 사이의 감정교류 관계를 언급한 것은 매우 중요한 문학이론의 문제이며, 문인과 그의 작품에 얽힌 일화는 일종의 시화詩話적인 양상을 띠고 있다. 이러한 점들은 위진 문학의 발전을 연구하는 데 진귀한 자료가 된다.

□ 종회의 『사본론』[鍾會四本論]

종회鍾會는 『사본론四本論』*의 집필을 비로소 끝내고 나서, 혜공嵇公[嵇康]에게 한번 보여주고 싶은 마음이 간절했다. 그래서 원고를 품속에 넣고 이미 그의 집에까지는 갔으나, 그의 비판이 두려워서 품속에서 감히 꺼내지 못했다. 결국 창문 밖 멀찍이 던져놓고는 곧장 돌아서서 황급히 도망갔다.

* 종회가 재才와 성性의 같음과 다름을 논한 것이 세상에 전한다. 사본四本이란 재와 성이 같다는 것[同], 재와 성이 다르다는 것[異],

재와 성이 합쳐져 있다는 것[合], 재와 성이 떨어져 있다는 것[離]을 말한다. 상서 부하傅嘏는 같음을 논했고, 중서령 이풍李豊은 다름을 논했고, 시랑 종회는 합쳐짐을 논했고, 둔기교위屯騎校尉 왕광王廣은 떨어짐을 논했다.〔『魏志』〕

> 鍾會撰『四本論』始畢, 甚欲使嵇公一見. 置懷中, 旣定, 畏其難, 懷不敢出, 於戶外遙擲, 便回急走.

□ 성인은 무를 체득했다[聖人體無]

왕보사王輔嗣〔王弼〕가 약관弱冠의 나이에 배휘裴徽를 방문했을 때, 배휘가 그에게 물었다.

"대저 '무無'라는 것은 진실로 만물의 바탕이 되는 바이다. 성인〔공자〕은 그것을 기꺼이 언급하려 하지 않았는데 노자老子는 끊임없이 부연 설명했으니 왜 그러한가?"

그러자 왕필이 대답했다.

"성인은 '무'를 체득했고 '무'는 또한 설명할 수 없는 것이기 때문에 언제나 '유有'에 대해서 언급했으나, 노자와 장자莊子는 '유'에서 아직 벗어나지 못했기 때문에 항상 그 부족한 바를 설명했던 것입니다."

> 王輔嗣弱冠詣裴徽, 徽問曰: "夫無者, 誠萬物之所資. 聖人莫肯致言, 而老子申之無已, 何邪?" 弼曰: "聖人體無, 無又不可以訓, 故言必及有, 老·莊未免於有, 恒訓其所不足."

□ 위개가 꿈에 대해 묻다[衛玠問夢]

위개衛玠가 어렸을 때 악령樂令〔樂廣〕에게 꿈에 대해서 물었더니, 악령이 대답했다.

"그것은 '생각(想)'이지."

위개가 말했다.

"육체와 정신이 결합되어 있지 않을 때 꿈을 꾸는데, 어찌하여 그것이 '생각'이란 말입니까?"

악령이 말했다.

"'원인(因)'이 있기 때문이지. 수레를 타고 쥐구멍으로 들어간다든지 절구질을 하고 나서 쇠 절구공이를 씹어 먹는다든지 하는 꿈을 이제껏 한 번도 꾼 적이 없다는 것은 모두 '생각'도 없고 '원인'도 없었기 때문이지."

위개는 며칠 동안 '원인'이라는 것에 대해서 생각했지만 도무지 알 수가 없어서 마침내 병이 들고 말았다. 악령이 그 소식을 듣고 일부러 수레를 타고 가서 위개에게 상세히 설명해주었더니, 위개의 병에 금세 차도가 있었다. 악령이 감탄하여 말했다.

"이 아이 가슴속에는 틀림없이 불치의 병이 없을 것이로다!"

衛玠總角時, 問樂令'夢', 樂云: "是'想'." 衛曰: "形神所不接而夢, 豈是想邪?" 樂云: "因也. 未嘗夢乘車入鼠穴, 擣韲噉鐵杵, 皆無想無因故也." 衛思'因', 經日不得, 遂成病. 樂聞, 故命駕爲剖析之, 衛旣小差. 樂歎曰: "此兒胸中, 當必無膏盲之疾!"

□ 석 자로 얻은 속관(三語掾)

완선자阮宣子(阮脩)는 훌륭한 명성이 있었는데, 태위太尉 왕이보王夷甫(王衍)가 그를 만나보고 물었다.

"노장老莊과 성인(孔子)의 가르침이 같은가?"

완선자가 대답했다.

"아마 같지 않을는지요?"*

왕태위가 그 대답을 훌륭하다고 여겨 그를 불러 속관으로 삼자, 세상사람들이 그를 '석 자字로 얻은 속관'이라 했다. 위개衛玠가 그것을 조롱하여 말했다.

"한 자면 가히 초징될 수 있는데 어찌하여 석 자를 빌린단 말인가?"

그러자 완선자가 말했다.

"진실로 천하의 인망人望을 얻는다면 또한 아무 말 안 해도 초징될 수 있는데 어찌하여 다시 한 자를 빌린단 말인가?"

마침내 두 사람은 서로 친한 친구가 되었다.

* 장무동將無同: 거의 비슷하다. 서로 차이가 없다는 뜻이다. '장무'는 '장불將不' '장비將非' 등과 함께 위진남북조시대에 자주 사용된 말로서, 어떠한 상황에 대하여 직접적인 판단을 피하고 추측이나 의문의 형식을 빌려 완곡하게 뜻을 표현할 때 쓴다. '장무'를 우리말로 옮긴다면 '아마(혹시, 어쩌면, 거의) ~이 아닐는지요?'의 어감에 해당한다.

> 阮宣子有令聞, 太尉王夷甫見而問曰: "老莊與聖敎同異?" 對曰: "將無同?" 太尉善其言, 辟之爲掾, 世謂三語掾. 衛玠嘲之曰: "一言可辟, 何假於三?" 宣子曰: "苟是天下人望, 亦可無言而辟, 復何假一?" 遂相與爲友.

□ 남북 학문의 차이[南北人學問]

저계야褚季野[褚裒]가 손안국孫安國[孫盛]에게 말했다.

"북방 사람의 학문은 깊이가 있으면서도 해박하지요."

그러자 손안국이 응수했다.

"남방 사람의 학문은 정통하면서도 간명하지요."

지도림支道林〔支遁〕이 이것을 듣고 말했다.

"성현은 본디 말로 표현할 수 없는 대상이지요. 다만 중간수준 이하의 사람을 놓고 본다면, 북방 사람이 책 읽는 것은 마치 밝은 곳에서 달을 바라보는 것〔顯處視月〕*과 같고, 남방 사람의 학문은 마치 옹기 창을 통하여 해를 엿보는 것과 같다〔牖中窺日〕**고나 할까요."

* 현처시월顯處視月: 식견이 넓고 분명하다.
** 유중규일牖中窺日: 식견이 좁다.

> 褚季野語孫安國云: "北人學問, 淵綜廣博." 孫答曰: "南人學問, 淸通簡要."
> 支道林聞之曰: "聖賢固所忘言. 自中人以還, 北人看書, 如顯處視月, 南人學問, 如牖中窺日."

□ 끓는 해자를 두른 철옹성[湯池鐵城]

탕지철성湯池鐵城: 금성탕지金城湯池. 접근이 어려운 견고한 성. 방비가 매우 튼튼한 성.

은중군殷中軍〔殷浩〕은 사고력이 뛰어나 무슨 일에든 통달했는데, 재성才性 문제에 특히 정통했다. 「사본론四本論」을 언급했다 하면 곧장 끓는 해자를 두른 철옹성처럼 도무지 공략해 들어갈 수 없는 형세였다.

> 殷中軍雖思慮通長, 然於才性偏精. 忽言及「四本」, 便若湯池鐵城, 無可攻之勢.

□ 정상에 올라 궁극에 나아가다[登峯造極]

등봉조극登峯造極: 학문이나 기예가 최고 수준에 이르다. 최고봉에 이르다.

불경에서는 〔일반 사람도〕 정신을 수양하면 〔성불成佛하여〕 성인의 경지에 이를 수 있다고 한다. 그래서 간문제簡文帝〔司馬昱〕가 말했다.

"정상에 올라 궁극에 나아갈 수 있는지 없는지는 잘 모르겠지만, 수양의 공부는 아무래도 부정할 수 없다."

佛經以爲祛練神明, 則聖人可致. 簡文云: "不知便可登峯造極不, 然陶練之功, 尙不可誣."

□ 착한 사람이 적고 악한 사람이 많은 까닭[善人少惡人多]

은중군殷中軍〔殷浩〕이 물었다.

"대자연은 사람에게 품성을 부여하는 데에 있어서 아무런 사심이 없는데, 어찌하여 정작 착한 사람은 적고 악한 사람은 많을까요?"

여러 사람 가운데 대답하는 자가 없었는데, 유윤劉尹〔劉惔〕이 이렇게 대답했다.

"예를 들어 물을 땅에 쏟으면 자연히 종횡으로 넓게 흘러 퍼져 정방형이나 정원형이 거의 없는 것과 같지요."

당시 사람들은 그의 말에 탄복하여 탁월한 해석[名通]이라 생각했다.

殷中軍問: "自然無心於稟受, 何以正善人少惡人多?" 諸人莫有言者, 劉尹答曰: "譬如瀉水著地, 正自縱橫流漫, 略無正方圓者." 一時絶歎, 以爲名通.

□ 벼슬은 본래 썩어서 악취가 난다[官本是臭腐]

어떤 사람이 은중군殷中軍[殷浩]에게 물었다.
"어찌하여 장차 직위를 얻게 될 땐 관棺의 꿈을 꾸고, 장차 재물을 얻게 될 땐 분뇨糞尿의 꿈을 꾸는 것입니까?"
은중군이 대답했다.
"벼슬[官]*은 본래 썩어서 악취가 나기 때문에 장차 그것을 얻게 될 땐 관棺과 시체의 꿈을 꾸고, 재물은 본래 분토糞土이기 때문에 장차 그것을 얻게 될 땐 오물의 꿈을 꾸는 것이오."
당시 사람들은 그의 말을 탁월한 해석[名通]이라 생각했다.
＊벼슬을 뜻하는 '官'과 널을 뜻하는 '棺'은 음이 같다.

> 人有問殷中軍: "何以將得位而夢棺器, 將得財而夢屎穢?" 殷曰: "官本是臭腐, 所以將得而夢棺屍. 財本是糞土, 所以將得而夢穢汙." 時人以爲名通.

□ 『도덕경』을 읽지 않으면 혀뿌리가 굳어진다[不讀道德經舌本强]

은중감殷仲堪이 말했다.
"사흘 동안 『도덕경道德經』을 읽지 않으면 곧장 혀뿌리가 굳어지는 것을 느낀다."

> 殷仲堪云: "三日不讀『道德經』, 便覺舌本間强."

□ 일곱 걸음 만에 시를 짓다[七步作詩]

칠보작시七步作詩 : 칠보성시七步成詩. 칠보지재七步之才. 시재詩才나 생각하는 것이 매우 민첩하다.

문제文帝(曹丕)가 한번은 (동생인) 동아왕東阿王(曹植)에게 일곱 걸음 안에 시를 지으라고 명하면서, 짓지 못하면 극형에 처하겠다고 했다. 동아왕은 명이 떨어지자마자 곧장 시를 지었다.

"콩을 삶아 국을 만들고, 콩을 걸러 즙을 만드네. 콩깍지는 솥 아래서 타고, 콩은 솥 안에서 우네. 본래 같은 뿌리에서 나왔거늘, 서로 지지고 볶는 것이 어찌 이리도 급한가!"

문제는 부끄러워하는 기색이 역력했다.

> 文帝嘗令東阿王七步中作詩, 不成者行大法. 應聲便爲詩曰: "煮豆持作羹, 漉菽以爲汁. 萁在釜下然, 豆在釜中泣. 本自同根生, 相煎何太急!" 帝深有慙色.

□ 시는 정에서 생겨난다[文生於情]

손자형孫子荊(孫楚)이 부인의 상을 당해서 입었던 상복을 벗으면서 시*를 지어 왕무자王武子(王濟)에게 보여주었더니, 왕무자가 말했다.

"시가 정情에서 생겨나는지, 아니면 정이 시에서 생겨나는지 잘 모르겠지만, 이것을 읽고 나니 쓸쓸해지면서 부부의 애정이 더욱 깊어짐을 느끼오."

> *"시간은 치달려 멈추지 않고, 세월은 번개처럼 흘러가네. 당신의 영혼이 저 먼 하늘로 올라간 지, 어느덧 이미 1주년이 되었구려. 복상服喪의 제도에 정함이 있기에, 이제 당신의 무덤에 탈복脫服함을 고하오. 제단에 임하여 비통함을 느끼나니, 내 가슴을 도려내는 듯하는구려."「『孫楚集』]

> 孫子荊除婦服, 作詩以示王武子, 王曰: "未知文生於情, 情生於文, 覽之悽然, 增伉儷之重."

□ 모래를 헤쳐 금을 찾다[排沙簡金]

배사간금排沙簡金 : 피사간금披沙揀金. 정선精選하다. 엄선嚴選하다.

손흥공孫興公[孫綽]이 말했다.

"반악潘岳의 문장은 마치 비단을 펼친 것처럼 현란하여 훌륭하지 않은 곳이 없으며, 육기陸機의 문장은 마치 모래를 헤쳐 금을 찾는 것처럼 종종 보석이 보인다."

孫興公云: "潘文爛若披錦, 無處不善. 陸文若排沙簡金, 往往見寶."

□ 금석의 소리[金石聲]

금석성金石聲 : 문장의 운율이나 글이 훌륭한 것.

손흥공孫興公[孫綽]이「천태부天台賦」를 완성한 뒤, 범영기范榮期〔范啓〕에게 보여주면서 말했다.

"당신은 시험삼아 이것을 땅에 던져보시오. 모름지기 금석金石의 소리가 날 것입니다."

그러자 범영기가 말했다.

"아무래도 그대가 말하는 금석은 〔음악의〕 궁상宮商*에는 들어맞지 않을 것 같은데."

하지만 읽다가 빼어난 구절에 이를 때마다 이렇게 말했다.

"틀림없는 우리 무리의 말이야!"

* 궁宮・상商・각角・치徵・우羽의 5음이 조화를 이룬 정음正音.

孫興公作「天台賦」成, 以示范榮期云: "卿試擲地, 要作金石聲." 范曰: "恐子之金石, 非宮商中聲." 然每至佳句, 輒云: "應是我輩語!"

5. 방정: The Square and The Proper

'방정方正'은 일반적으로 품행이 바르고 곧은 것을 말한다. 그러나 이러한 도덕적인 개념은 시대에 따라 각기 특정한 표준이 있다.

육기陸機가 자신의 부친과 조부의 이름을 함부로 불렀던 노지盧志를 용인할 수 없었던 것은 명문대족의 존엄성을 지키고자 한 것이었고, 육완陸玩이 왕도王導와 인척을 맺으려 하지 않았던 것은 동진 초기 남북 사족士族 간의 갈등과 북인에 대한 남인의 경시태도를 드러낸 것이었다.

또한 유애庾敱가 왕연王衍의 반대를 무릅쓰고 한사코 그를 '자네'라고 부른 것은 자존심과 자신감의 발로였고, 왕술王述이 승진했을 때 예의상으로 으레 하는 겸양을 차리지 않고 곧장 임지로 부임한 것은 가식없는 솔직함의 표현이었다.

이러한 고사들을 '방정'의 범주에 넣은 것은 바로 당시의 시대적인 특성을 반영하고 있음을 말해 준다. 우리는 「방정」편을 통하여 위진이라는 특정한 시대와 환경 속에서 당시 명사들이 인식했던 여러 형태의 '방정'한 언행의 풍모를 엿볼 수 있다.

□ 신의가 없고 무례하다[無信無禮]

　　진태구陳太丘[陳寔]가 친구와 함께 출타하기로 약속했다. 정오에 만나기로 약속했는데 정오가 지나도록 친구가 도착하지 않자 진태구는 그냥 떠났다. 진태구가 떠난 뒤에 친구가 그제야 도착했다. 진원방陳元方[陳紀]은 당시 나이가 7살이었는데 대문 밖에서 놀고 있었다. 손님이 진원방에게 물었다.
　　"존친께서는 계시는가?"
　　진원방이 대답했다.
　　"당신을 오랫동안 기다려도 오시지 않아서 이미 떠나버리셨습니다."
　　친구가 곧장 화를 내며 말했다.
　　"사람도 아니구먼! 남과 함께 출타하기로 약속해 놓고는 버려두고 그냥 떠나다니!"
　　그러자 진원방이 말했다.
　　"당신이 부친과 정오에 만나기로 약속해 놓고 정오가 지나도록 도착하지 않은 것은 신의가 없음이며, 자식을 대놓고 아비를 욕하는 것은 무례함입니다."
　　친구가 무색해 하면서 타고 있던 수레에서 내려 진원방을 잡아끌었지만 그는 뒤도 돌아보지 않고 대문 안으로 들어가 버렸다.

　　　陳太丘與友期行, 期日中. 過中不至, 太丘舍去, 去後乃至. 元方時年七歲,
　　門外戲. 客問元方: "尊君在不?" 答曰: "待君久不至, 已去." 友人便怒曰:
　　"非人哉! 與人期行, 相委而去." 元方曰: "君與家君期日中, 日中不至, 則是
　　無信. 對子罵父, 則是無禮." 友人慙, 下車引之, 元方入門不顧.

□ 군신 간의 좋은 관계[君臣之好]

 상웅向雄이 하내군河內郡의 주부主簿로 있을 때 상웅과 관련도 없는 공무상의 사건이 발생했는데, 태수 유회劉淮가 다짜고짜 화를 내면서 마침내 그를 장형杖刑에 처하여 파면했다. 나중에 상웅은 황문랑黃門郞이 되고 유회는 시중侍中이 되었는데 애초에 서로 말조차 하지 않았다. 무제武帝(司馬炎)가 그 일을 듣고 상웅에게 명하여 군신 간의 좋은 관계를 회복하라고 했다. 상웅은 하는 수 없이 유회를 찾아가 재배再拜하고 말했다.
 "제가 칙명을 받고서 오긴 했지만 군신 간의 도의는 끊어졌으니 어찌하겠습니까?"
 그리고는 곧장 떠나버렸다. 무제는 두 사람이 아직도 화해하지 않았다는 소식을 듣고 노하여 상웅에게 물었다.
 "내가 경에게 군신 간의 좋은 관계를 회복하라고 명했는데 어찌하여 아직도 절교하고 있단 말이오?"
 그러자 상웅이 말했다.
 "옛날의 군자는 사람을 등용할 때도 예에 따르고 사람을 물리칠 때도 예에 따랐는데, 지금의 군자는 사람을 등용할 때는 무릎에 앉히는 것처럼 하다가도 사람을 물리칠 때는 연못에 떨어뜨리는 것처럼 합니다. 신이 유하내劉河內(劉淮)에 대하여 '적군의 장수[戎首]'가 되지 않은 것만 해도 또한 심히 다행스러운 일인데, 어찌 다시 군신 간의 좋은 관계를 맺을 수 있겠습니까?"
 무제는 그의 말을 인정했다.

　　向雄爲河內主簿, 有公事不及雄, 而太守劉淮橫怒, 遂與杖遣之. 雄後爲黃門郞, 劉爲侍中, 初不交言. 武帝聞之, 敕雄復君臣之好. 雄不得已詣劉, 再拜曰: "向受詔而來, 而君臣之義絶, 何如?" 於是卽去. 武帝聞尚不和, 乃怒問雄曰: "我令卿復君臣之好, 何以猶絶?" 雄曰: "古之君子, 進人以禮, 退人以禮. 今之君子, 進人若將加諸膝, 退人若將墜諸淵. 臣於劉河內, 不爲戎首, 亦已幸甚. 安復爲君臣之好?" 武帝從之.

□ 이륙의 우열[二陸優劣]

노지盧志가 여러 사람이 모인 자리에서 육사형陸士衡[陸機]에게 물었다.
"육손陸遜・육항陸抗*은 당신에게 어떤 사람이오?"
육사형이 대답했다.
"그대와 노육盧毓・노정盧珽**의 관계와 같소."
그러자 육사룡陸士龍[陸雲]이 실색했다.*** 이미 문을 나선 뒤에 육사룡이 형 육사형에게 말했다.
"어찌하여 그렇게까지 말하셨습니까? 그의 얼굴을 보니 정말 알지 못한 것 같던데요."
육사형이 정색하며 말했다.
"우리 부친과 조부님의 명성은 천하에 알려져 있는데 어찌 모를 리가 있단 말인가? 귀신의 자식이 감히!"
논자들은 이륙二陸[陸機・陸雲]의 우열을 결정하지 못하고 있었는데, 사공謝公[謝安]이 이 일을 가지고 그들의 우열을 결정했다.

* 육기陸機와 육운陸雲 형제의 조부와 부친.
** 노지의 조부와 부친.
*** 옛날에는 남의 부친이나 조부 등의 이름[諱]을 직접 부르는 것이 커다란 실례였는데, 육기가 노지에게 맞대응하여 그의 조부

와 부친의 이름을 불렀기 때문에 육운이 실색한 것이다.

> 盧志於衆坐問陸士衡: "陸遜·陸抗是君何物?" 答曰: "如卿於盧毓·盧珽." 士龍失色. 旣出戶, 謂兄曰: "何至如此? 彼容不相知也." 士衡正色曰: "我父祖名播海內, 寗有不知? 鬼子敢爾!" 議者疑二陸優劣, 謝公以此定之.

□ 그대는 나를 당신이라 부르고[경자군아卿自君我]*

왕태위王太尉[王衍]는 유자숭庾子嵩[庾敳]과 친한 사이가 아니었는데도 유자숭은 계속 그를 '그대[卿]'라고 불렀다. 그래서 왕태위가 말했다.

"'당신[君]'은 그러지 마시오."

그러자 유자숭이 말했다.

"그대는 나를 당신이라 부르고 나는 그대를 그대라고 부르니, 나는 나의 법을 쓰면 되고 그대는 그대의 법을 쓰면 되지."

* 경卿은 본래 관작官爵의 이름으로서 나중에는 상대방에 대한 미칭美稱으로 사용되었으나, 남북조시대에는 '이爾'·'여汝'와 같은 어감으로 친한 사이에 있는 동년배나 그 아래의 사람에게 사용했다. 군君은 경보다 정중한 칭호.

> 王太尉不與庾子嵩交. 庾卿之不置. 王曰: "君不得爲爾." 庾曰: "卿自君我, 我自卿卿. 我自用我法, 卿自用卿法."

□ 향초와 악초는 같은 그릇에 담을 수 없다[薰蕕不同器]

훈유부동기薰蕕不同器 : 훈유이기薰蕕異器. 선인과 악인은 한 곳에 있을 수 없다. 훈유동기薰蕕同器: 선과 악이 같이 있으면 악한 것이 선한 것을 가린다. 좋은 사람과 나쁜 사람이 함께 어울리다.

왕승상王丞相[王導]이 처음 강남으로 건너왔을 때, 오吳지방 인사들의 도움을 얻고자 하여 육태위陸太尉[陸玩]에게 혼사를 맺자고 청했더니, 그가 이렇게 대답했다.

"작은 언덕에는 소나무와 측백나무가 자라지 않고, 향초와 악초는 같은 그릇에 담을 수 없습니다. 제가 비록 재주는 없으나 도의상 윤리를 어지럽히는 시작이 되지는 않을 것입니다."

王丞相初在江左, 欲結援吳人, 請婚陸太尉, 對曰: "培塿無松柏, 薰蕕不同器. 玩雖不才, 義不爲亂倫之始."

□ 겸양을 잘 하는 것은 훌륭한 일이다[克讓美事]

왕술王述이 상서령尙書令으로 전임되어 인사발령이 나자 곧바로 부임했더니, [그의 아들] 왕문도王文度[王坦之]가 말했다.

"일부러라도 두씨杜氏나 허씨許氏에게 양보하는 것이 마땅합니다."

왕람전王藍田[王述]이 말했다.

"너는 내가 이 직분을 감당할 수 없다고 생각하는 것이냐?"

왕문도가 대답했다.

"어찌 감당하실 수 없겠습니까? 다만 겸양을 잘 하는 것은 자고로 훌륭한 일로 여겨지는지라 아마도 빼놓을 수 없는 덕목일 것입니다."

이에 왕람전이 탄식하며 말했다.

"이미 감당할 수 있다고 한다면 어찌 다시 겸양할 필요가 있겠느냐? 사람들은 너를 나보다 낫다고들 하는데 이제 보니 분명 나만 못하구나!"

王述轉尙書令, 事行便拜. 文度曰: "故應讓杜·許." 藍田云: "汝謂我堪此不?" 文度曰: "何爲不堪? 但克讓自是美事, 恐不可闕." 藍田慨然曰: "旣云堪, 何爲復讓? 人言汝勝我, 定不如我!"

6. 아량: Cultivated Tolerance

'아량雅量'은 일반적으로 기품있는 도량을 뜻하는 것인데, 이것은 위진시대에 인물을 감식鑑識할 때 상당히 중요한 표준으로 작용했다. 한편 '아량'이 종종 '태산이 앞에서 무너지더라도 안색조차 변하지 않는다'는 식의 강인한 개성을 의미하는 것으로도 사용되고 있는데, 거기에는 당시의 사회적·정치적 배경이 깔려 있다. 한漢나라 말기 이후로 사회가 크게 어지러워져 전통적인 예교가 무너짐과 동시에 사람들의 사상이 해방됨에 따라, 전통적인 도덕에 대한 존중이 인격에 대한 존중으로 변하게 되었다. 또한 어지러운 시대는 영웅을 부르게 되었는데, 그러한 영웅에게 가장 필요한 자질이 바로 강인한 개성이었다.

그러나 이러한 강인한 개성의 표현에는 저마다 다른 요인과 목적이 있었다. 진晉나라의 사마씨司馬氏 정권에 협조하지 않아 동시東市에서 처형당할 때 태연히 「광릉산廣陵散」을 연주한 혜강嵇康, 사윗감을 구하러 왔다는 말을 듣고도 전혀 아랑곳하지 않은 채 배를 드러내놓고 누워 있었던 왕희지王羲之, 아들의 사망 소식을 접하고도 억지로 태연함을 견지했던 고옹顧雍의 행위 등은 사실상 우리가 일반적으로 인식하고 있는 '아량'의 범주에 넣기 어려운 경우들이다. 이러한 고사들을 자세히 음미해 보면, '아량'이라는 품목品目에 내재되어 있던 당시의 특수한 기풍을 이해할 수 있을 뿐만 아니라 서로 다른 개성을 지닌 인물들의 내면심리도 파악해낼 수 있다.

□ 마음을 크게 먹고 슬픔을 떨쳐버리다[豁情散哀]

예장태수豫章太守 고소顧邵는 고옹顧雍의 아들이다. 고소가 예장군에서 죽었을 때, 고옹은 속관들을 성대히 모아놓고 스스로 바둑을 두고 있었다. 사절이 도착하여 밖에서 아뢰었으나 아들의 서찰은 없었다. 고옹은 비록 안색에 변함이 없었으나 마음속으로는 그 까닭을 알고서, 손톱으로 손바닥을 꼬집어 피가 흘러 자리를 적셨다. 빈객들이 떠나고 난 뒤에야 비로소 탄식하며 말했다.

"이미 연릉延陵의 고고함*이 없는데 어찌 실명했다는 질책**을 받을 수 있으랴!"

그리고는 이내 마음을 크게 먹고 슬픔을 떨쳐버렸으며 안색이 태연자약했다.

* 상명지통喪明之痛: 자식을 잃은 슬픔. 춘추시대 오吳나라 공자公子인 연릉의 계찰季札은 제齊나라에 사신으로 갔다 돌아오다가 도중에 아들이 죽자 슬픔을 절제하면서 예법에 따라 장례를 치르고 떠났다.

※※ 공자孔子의 제자인 자하子夏는 아들이 죽자 너무 비통해 하다가 실명했는데, 증자曾子가 그를 조문하러 가서 실명한 것에 대해 질책했다.

> 豫章太守顧邵, 是雍之子. 邵在郡卒, 雍盛集僚屬自圍棊. 外啓信至, 而無兒書. 雖神氣不變, 而心了其故, 以爪掐掌, 血流沾褥. 賓客旣散, 方歎曰: "已無延陵之高, 豈可有喪明之責?" 於是豁情散哀, 顔色自若.

□ 「광릉산」 곡이 끊어지다[廣陵散絶]

광릉산절廣陵散絶 : 훌륭한 전통이 단절되거나 뒤에 계승한 사람이 없다.

혜중산嵇中散[嵇康]은 동시東市에서 처형당할 때 안색조차 변하지 않은 채, 금琴을 가져오게 하여 타면서 「광릉산廣陵散」이라는 곡을 연주했다. 곡이 끝나자 말했다.

"원효니袁孝尼[袁準]가 일찍이 이 곡을 배우겠다고 청했으나 내가 못내 아까워하여 전수해 주지 않았는데, 이제 「광릉산」이 끊어지게 되었구나!"

태학생太學生 3천 명이 상서하여 그를 스승으로 모시겠다고 청원했으나 윤허해 주지 않았다. 문왕文王[司馬昭]도 나중에 [그를 처형한 것을] 후회했다.

> 嵇中散臨刑東市, 神氣不變, 索琴彈之, 奏「廣陵散」. 曲終曰: "袁孝尼嘗請學此散, 吾靳固不與, 「廣陵散」於今絶矣!" 太學生三千人上書, 請以爲師, 不許. 文王亦尋悔焉.

□ 흰자위를 한 놈[白眼兒]

백안아白眼兒 : 배은망덕한 놈. 양심이 없는 놈.

왕이보王夷甫(王衍)는 배경성裵景聲(裵邈)과 지향하는 바나 좋아하는 바가 달랐다. 배경성은 어떻게 해서든지 왕이보를 억누르려고 했지만 끝내 그를 돌려놓을 수가 없었다. 그래서 일부러 왕이보를 찾아가 말을 함부로 하면서 심하게 욕을 했는데, 그것은 왕이보가 자기에게 [같은 방법으로] 대꾸하면 세상의 비난을 함께 나누려는 의도였다. 그러나 왕이보는 안색조차 변하지 않은 채 천천히 이렇게 말했다.

"흰자위를 한 놈이 드디어 발작하는군!"

王夷甫與裵景聲志好不同. 景聲惡欲取之, 卒不能回. 乃故詣王, 肆言極罵, 要王答己, 欲以分謗. 王不爲動色, 徐曰: "白眼兒遂作!"

□ 재물 수집벽과 나막신 수집벽[好財好屐]

조사소祖士少(祖約)는 재물을 좋아했고 완요집阮遙集(阮孚)은 나막신을 좋아했다. 모두 항상 [자신들이 좋아하는 물건을] 수집하느라 여념이 없었으며 둘 다 기벽奇癖을 지니고 있어서 그 우열을 판가름하지 못하고 있었다.

어떤 사람이 조사소를 찾아갔는데, 그때 그는 한창 재물을 살펴보고 있었다. 손님이 도착하자 그는 미처 재물을 다 치우지 못하여 남은 작은 상자 두 개를 등 뒤에다 놓고 몸을 기울여 그것을 가렸으나 마음이 편할 수는 없었다. 또 어떤 사람이 완요집을 찾아갔는데, 그때 그는 스스로 불을 지펴 [초를 녹여] 나막신에 초칠을 하다가 탄식하며 말했다.

"일생 동안 몇 켤레의 나막신을 신을 수 있을지 모르겠군!"

그의 안색은 여유있고 온화했다. 이리하여 그들의 우열이 비로소 가려지게 되었다.

> 祖士少好財, 阮遙集好屐. 並恒自經營, 同是一累, 而未判其得失. 人有詣祖, 見料視財物. 客至, 屛當未盡, 餘兩小簏箸背後, 傾身障之, 意未能平. 或有詣阮, 見自吹火蠟屐, 因歎曰: "未知一生當箸幾量屐!" 神色閑暢, 於是勝負始分.

□ **동쪽 평상에서 배를 드러내놓고 눕다**[東牀坦腹]

동상탄복東牀坦腹 : 탄복동상坦腹東牀. 동상東牀. 탄복坦腹. 동탄東坦. 훌륭한 사윗감. 사위에 대한 미칭美稱.

치태부郗太傅[郗鑒]가 경구京口에 있을 때, 문객門客을 보내 왕승상王丞相[王導]에게 사윗감을 구한다는 서찰을 전했다. 왕승상이 치태부의 사절에게 말했다.

"당신이 동쪽 사랑채로 가서 마음대로 고르시오."

문객이 돌아와 치태부에게 아뢰었다.

"왕씨 집안의 여러 도령들은 모두 훌륭했습니다. 사윗감을 찾으러 왔다는 말을 듣고는 모두 자긍심을 보였는데, 오직 한 도령만이 평상 위에서 배를 드러내놓은 채로 누워서 아무 말도 듣지 못한 듯했습니다."

그러자 치공郗公[郗鑒]이 말했다.

"바로 그 사람이야!"

그리고는 찾아가서 보았더니 바로 왕일소王逸少[王羲之]였다. 그래서 딸을 그에게 시집보냈다.

> 郗太傅在京口, 遣門生與王丞相書, 求女壻. 丞相語郗信: "君往東廂, 任意選之." 門生歸, 白郗曰: "王家諸郎, 亦皆可嘉. 聞來覓壻, 咸自矜持, 唯

有一郎, 在牀上坦腹臥, 如不聞." 郗公云: "正此好!" 訪之, 乃是逸少. 因嫁女與焉.

7. 식감: Insight and Judgment

'식감識鑒'은 인물의 품격과 재능에 대한 인식과 감정鑑定을 뜻한다. 「식감」편은 다음의 「상예賞譽」·「품조品藻」편과 함께 한나라 말에서 위진시대까지의 인물품평과 직접적으로 연관되어 있는데, 그 두 시기에 성행한 식감기풍의 서로 다른 특징을 살펴볼 수 있다. 한나라의 인물식감은 관료를 선발하는 데 직접적으로 활용되었다. 한나라 말의 대명사大名士였던 교현喬玄이 청년 조조曹操를 "난세의 영웅이요, 치세의 간적姦賊이다"라고 평하면서 그가 나중에 반드시 부귀영달할 것이라고 단언했는데, 『삼국지三國志』와 『후한서後漢書』 등의 역사서에서도 증명하고 있듯이 조조는 확실히 교현 등의 명사들로부터 존중을 받고 나서 입신출세하기 시작했다. 이것을 보면 명사들의 평어評語가 한나라 말 문사들의 벼슬길에 중요한 작용을 했음을 알 수 있다.

한나라 때의 식감방법은 주로 골상법骨相法에 의한 것이었다. 「식감」편에서는 이러한 식감방법이 거의 나타나지 않지만, 반양중潘陽仲이 왕돈王敦의 눈과 목소리를 근거로 그를 품평한 것을 보면 한나라 시대의 골상법이 서진西晉 때까지 여전히 남아 있었음을 알 수 있다. 동진東晉에 이르러서는 인물식감의 방법에 많은 변화가 있었다. 더 이상 단순히 인물의 외모에 의하여 그 사람의 내심을 판별하지 않고, 인물의 평소 언행과 태도에 중점을 두어 그 사람의 품행과 재능의 고하高下를 감별했다.

유담劉惔이 환온桓溫이 도박할 때 "반드시 이길 수 없으면 하지 않는" 것을 보고 그가 서정西征에서 반드시 촉蜀나라를 격파할 것이라고 단언한 경우 치초郗超가, 사현謝玄이 평소에 인물을 잘 파악하여 적재적소에 임명하는 것을 보고 그가 북벌北伐에서 반드시 공을 세울 것이라고 단언한 경우 등을 그 예로 들 수 있다. 이러한 식감방법은 한나라 시대의 골상법에 비하여 비교적 객관적이고 타당하다고 할 수 있다.

□ 난세의 영웅, 치세의 간적[亂世英雄, 治世姦賊]

조공曹公[曹操]이 젊었을 때 교현喬玄을 만났는데, 교현이 이렇게 말했다.

"천하가 바야흐로 어지러워져서 영웅호걸들이 호랑이처럼 다투고 있으니, [이러한 난을] 평정하여 통치할 수 있는 인물은 그대가 아니겠는가? 그러나 그대는 진실로 난세의 영웅이요 치세治世의 간적姦賊이로세! 내가 늙어서 그대의 부귀한 모습을 보지 못하는 것이 안타까울 뿐이네. [훗날 나의] 자손을 잘 부탁하네."

> 曹公少時見喬玄, 玄謂曰: "天下方亂, 羣雄虎爭, 撥而理之, 非君乎? 然君實亂世之英雄, 治世之姦賊! 恨吾老矣, 不見君富貴. 當以子孫相累."

□ 벌침 같은 눈과 승냥이 같은 목소리[蜂目豺聲]

봉목시성蜂目豺聲 : 벌침 같은 예리한 눈과 승냥이 같은 날카로운 목소리. 흉악한 모습과 무서운 목소리.

반양중潘陽仲[潘滔]이 어린 시절의 왕돈王敦을 보고 평했다.

"자네는 벌침 같은 눈은 이미 튀어나왔지만 승냥이 같은 목소리는 아직 내지 못하니, 틀림없이 남을 잡아먹을 수도 있지만 또한 남에게 잡아먹힐 수도 있네."

> 潘陽仲見王敦小時, 謂曰: "君蜂目已露, 但豺聲未振耳. 必能食人, 亦當爲人所食!"

□ 검은 머리의 재상[黑頭公]

흑두공黑頭公 : 젊은 나이에 재상의 지위에 오른 사람.

제갈도명諸葛道明[諸葛恢]이 처음 강남으로 건너왔을 때 스스로 '도명'이라고 이름을 지었는데, 그 명성은 왕王[王導]과 유庾[庾亮]의 다음 갔다. 그가 이전에 임기현령臨沂縣令으로 있을 때 왕승상王丞相[王導]이 말했다.

"명부明府[현령에 대한 존칭]는 틀림없이 검은 머리의 재상이 될 것이오."

> 諸葛道明初過江左, 自名道明, 名亞王·庾之下. 先爲臨沂令, 丞相謂曰: "明府當爲黑頭公."

□ 반드시 이길 수 없으면 덤벼들지 않는다[不必得不爲]

환공桓公[桓溫]이 장차 촉蜀나라를 정벌하려 할 때, 정사를 맡고 있던 여러 인사들은 이세李勢[5호16國 중 成漢의 군주]가 오랫동안 촉에 있으면서 대대로 선조의 세력을 이어받았고 게다가 지형상으로도 [장강] 상류의 삼협三峽을 점거하고 있기 때문에 쉽게 격파할 수 없을 것이라고 모두들 생각했다. 그러나 오직 유윤劉尹[劉惔]만은 이렇게 말했다.

"그는 틀림없이 촉을 격파할 수 있을 것입니다. 그가 도박하는 것을 보았더니 반드시 이길 수 없으면 덤벼들지 않더군요."

桓公將伐蜀, 在事諸賢, 咸以李勢在蜀旣久, 承藉累葉, 且形據上流三峽, 未易可克. 唯劉尹云: "伊必能克蜀. 觀其蒲博, 不必得, 則不爲."

8. 상예 : Appreciation and Praise

'상예賞譽'는 인물의 훌륭한 품격과 재능 등을 칭찬하고 기리는 것을 말한다. 앞의 「식감」편을 통해서 한말·위진의 인물식감의 다양한 목적과 방법을 살펴볼 수 있다면, 「상예」편에서는 인물식감의 다양한 표준을 살펴볼 수 있다. 한나라 말기에는 종종 '치국지기治國之器'의 여부를 가지고 인물을 평가했지만, 위진에서는 진솔하고 강직한 인품, 청담과욕淸淡寡慾한 처세태도, 준일하고 대범한 언행, 여러 가지 뛰어난 재능 등을 보다 중시했다.

위진의 사인士人들은 인물의 추상적인 품격과 재능을 보다 구체적으로 나타내기 위하여 청담을 나누는 가운데 자연의 아름다움을 인품의 훌륭함에 대비시키는 방법을 널리 사용했는데, 이러한 특징이 「상예」편에 잘 드러나 있다. 예를 들어 왕공王恭이 '맑은 이슬 흐르는 새벽에 새 오동잎이 갓 돋아나는' 아름다운 경치를 보면서 산뜻하고 말쑥한 왕침王忱을 떠올린 경우는 자연의 아름다움과 인물의 훌륭한 재정才情을 교묘하게 조화시킨 것으로, 고도의 예술적인 심미감審美感을 느끼게 한다.

□ **구름 속의 흰 학**[雲中白鶴]
운중백학雲中白鶴 : 고상하고 고결한 사람.

공손도公孫度가 병원邴原을 품평했다.
"이른바 구름 속의 흰 학이니, 제비나 참새의 그물로는 잡을 수 있는 바가 아니다."
　　公孫度目邴原: "所謂雲中白鶴, 非燕雀之網所能羅也."

□ **가공하지 않은 옥과 정련하지 않은 금**[璞玉渾金]
박옥혼금璞玉渾金 : 혼금박옥渾金璞玉. 꾸밈이 없는 자연 그대로의 아름다움. 소박한 성품.

왕융王戎이 산거원山巨源[山濤]을 품평했다.
"마치 가공하지 않은 옥과 정련하지 않은 금과 같아서, 사람들은 모두 그 보배로움을 흠모하면서도 그 그릇됨을 무어라 일컬을지 알지 못한다."

王戎目山巨源: "如璞玉渾金, 人皆欽其寶, 莫知名其器."

□ **수경과 같은 사람**[人之水鏡]

수경水鏡 : 물이 물체를 반영하듯이 공평한 처지에서 사물을 판단하여 남의 모범이 되는 일, 또는 그런 사람. 고명高明한 식견을 지닌 인물.

위백옥衛伯玉[衛瓘]이 상서령으로 있을 때, 악광樂廣이 중조中朝〔西晉〕의 명사들과 담론하는 것을 보고 그를 비범한 인물이라 여겨 말했다.

"옛 명사들이 세상을 떠난 이후로 미언微言*이 장차 끊어질 것이라고 항상 걱정했는데, 지금 당신에게서 그러한 언담을 다시 듣게 되었소이다!"

그리고는 자제들에게 그를 찾아가보라고 명하면서 말했다.

"이 사람은 수경水鏡과 같은 사람이니, 그를 보면 마치 운무를 헤치고 푸른 하늘을 우러러보는 것과 같다."

*심오한 철리哲理에 대한 언담이나 논의. 여기서는 청담淸談·청언淸言·현언玄言 등의 의미로 쓰였다.

衛伯玉爲尙書令, 見樂廣與中朝名士談議, 奇之曰: "自昔諸人沒已來, 常恐微言將絶, 今乃復聞斯言於君矣!" 命子弟造之, 曰: "此人, 人之水鏡也, 見之若披雲霧覩靑天."

□ **폭포수가 쏟아지다**[懸河寫水]

현하사수懸河寫水 : 현하주수懸河注水. '현하'는 공중에 매달려 있는 듯이 떨어지는 급류, 즉 폭포를 말한다. 문장이나 재사才思가 거침없이 분출하여 끝없이 이어지는 논변, 즉 현하지변懸河之辯을 말한다.

왕태위王太尉[王衍]가 말했다.

"곽자현郭子玄[郭象]의 논변은 마치 폭포에서 물이 쏟아지는 것처럼 아무리 부어도 다함이 없다."

王太尉云: "郭子玄語議如懸河寫水, 注而不竭."

□ 뱃속에 들어 있는 『춘추春秋』[皮裏陽秋][*]

피리양추皮裏陽秋 : 피리춘추皮裏春秋. 입 밖으로 내지 않고 속으로만 하는 비평.

환무륜桓茂倫[桓彝]이 말했다.

"저계야褚季野[褚裒]는 뱃속에 들어 있는 『춘추春秋』이다."

이는 그가 마음속으로 재단裁斷하는 것을 말한 것이다.

＊ 양추陽秋는 원래 '춘추春秋'인데, 동진東晉 원제元帝의 정태후鄭太后 아춘阿春의 이름을 피하기 위하여 고친 것이다.

桓茂倫云: "褚季野皮裏陽秋." 謂其裁中也.

□ 풍년의 옥, 흉년의 곡식[豊年玉 荒年穀]

풍년옥 황년곡豊年玉 荒年穀 : 풍년옥은 풍년이 들었을 때의 옥으로 태평성대를 더욱 빛내주는 인물. 황년곡은 흉년이 들었을 때 기근을 구제해 주는 곡식으로 난세의 위급함을 구해 주는 인물.

세간에서 이렇게 칭찬했다.

"유문강庾文康[庾亮]은 '풍년의 옥'이고 [그의 동생] 유치공庾稚恭

〔庾翼〕은 '흉년의 곡식'이다."

世稱: "庾文康爲'豊年玉', 穉恭爲'荒年穀'."

□ 살갗을 걷어내면 모두 참되다[掇皮皆眞]

철피개진掇皮皆眞 : 하늘로부터 부여받은 자연 그대로의 변하지 않은 성품을 마음속에 간직하고 있다.

사공謝公〔謝安〕이 왕람전王藍田〔王述〕을 이렇게 칭찬했다.
"살갗을 걷어내면 그 속은 모두 진眞하다."

謝公稱藍田: "掇皮皆眞."

□ 금과 옥이 당에 가득하다[金玉滿堂]

금옥만당金玉滿堂 : 금옥영실金玉盈室. 재능이나 학식이 풍부하다. 어진 신하가 조정에 가득하다.

왕장사王長史〔王濛〕가 임공林公〔支遁〕에게 말했다.
"유진장劉眞長〔劉惔〕의 청담은 가히 〔『노자老子』에서 말한 대로〕 '금과 옥이 당에 가득하다'고 이를 만합니다."
임공이 말했다.
"'금과 옥이 당에 가득하다'면 다시 무엇하러 담론할 때 말을 선택합니까?"
그러자 왕장사가 말했다.
"선택하는 것이 아니라 다만 말을 해야 할 곳이 저절로 적어지는 것일 뿐이지요."

王長史謂林公: "眞長可謂'金玉滿堂'." 林公曰: "金玉滿堂, 復何爲簡選?"
王曰: "非爲簡選, 直致言處自寡耳."

□ 정말 산뜻하고 말쑥하다[故自濯濯]

왕공王恭은 처음에는 왕건무王建武(王忱)와 사이가 매우 좋았으나, 나중에는 원열袁悅의 이간질을 받아 마침내 의심하고 사이가 벌어지게 되었다. 그러나 왕공은 매번 감흥이 일어날 때마다 왕건무를 떠올리곤 했다. 한번은 왕공이 행산行散*을 하다가 경구京口의 사당射堂**에 이른 적이 있었는데, 때마침 맑은 이슬이 새벽에 떨어지고 새 오동잎이 갓 돋아나 있었다. 왕공은 그것을 보고 말했다.

"왕대王大(王忱)는 정말 산뜻하고 말쑥해!"

* 오석산五石散이라고 하는 일종의 마약을 먹고 그 약기운을 발산하기 위해 산보하는 일로 '행약行藥'이라고도 한다. 이러한 풍습이 위진시대에 널리 유행했다.

** 공경대부公卿大夫들이 활쏘기 연습과 시합을 하던 장소.

王恭始與王建武甚有情, 後遇袁悅之間, 遂致疑隙. 然每至興會, 故有相思. 時恭嘗行散至京口射堂, 于時淸露晨流, 新桐初引. 恭目之曰: "王大故自濯濯!"

9. 품조: Classification According to Excellence

'품조品藻'는 품류品流를 감별한다는 뜻이다. 「품조」편에 실려 있는 고사는 부자·형제·동료·친구처럼 서로 관련이 있는 인물이나 기질이 서로 비슷한 사람들을 비교하고 품평하여 그 우열과 고하를 구별하는 것이 대부분이다. 이러한 평감評鑒 가운데는 평감하는 당사자까지 포함되고 자신을 최고로 치는 경우도 있어서 특이한 면을 보인다. 예를 들어 왕돈王敦이 자기의 친구 네 명을 비교한 끝에 가장 뛰어난 사람은 역시 본인이라고 생각한 경우나, 서법으로 명성을 날린 왕희지王羲之·왕헌지王獻之 부사이지만 왕헌지가 자기의 부친보다 한수 위라고 스스로 생각한 경우 등이 그러하다.

이러한 경우는 전통적인 관념에서 볼 때 겸손하지 못한 것으로 여겨질 수도 있겠지만, 오히려 위진시대 지식인들의 개성이 자유롭게 표출되었음을 드러내는 반증이기도 하다. 위진시대에 이르러 유학의 통치지위가 점차 미약해짐에 따라, 오랜 기간 동안 유가사상의 속박을 받아오던 지식인들이 비로소 강한 자신감과 자존심을 내세울 수 있게 되었던 것이다. 「품조」편을 통하여 인물품평에 대한 당시 지식인들의 다양한 인식과 그 사회적 분위기를 엿볼 수 있다.

□ 촉나라는 용을 얻다[蜀得其龍]

제갈근諸葛瑾과 동생 제갈량諸葛亮 및 사촌동생 제갈탄諸葛誕은 모두 훌륭한 명성이 있었는데, 각자 다른 나라에서 벼슬하고 있었다. 당시 사람들은 그들을 놓고 "촉나라는 용을 얻었고 오吳나라는 범을 얻었으며 위魏나라는 개를 얻었다"라고 생각했다. 제갈탄은 위나라에 있었는데 하후현夏侯玄과 명성을 나란히 했으며, 제갈근은 오나라에 있었는데 오나라의 조정에서 그의 큰 기량에 탄복했다.

> 諸葛瑾·弟亮及從弟誕, 並有盛名, 各在一國. 于時以爲'蜀得其龍, 吳得其虎, 魏得其狗.' 誕在魏, 與夏侯玄齊名. 瑾在吳, 吳朝服其弘量.

□ 당연히 공인된 논평이 있다[自有公論]

왕 대장군王大將軍[王敦]이 [도성을 공략해 들어가려고 장강을 따라] 내려왔을 때, 유공庾公[庾亮]이 물었다.
"그대에게는 네 명의 벗이 있다는데 그들이 누구요?"
왕 대장군이 대답했다.
"당신 집안의 유중랑庾中郞[庾㪍], 우리 집안의 왕태위王太尉[王衍]와 아평阿平[王澄] 그리고 호무언국胡母彦國[胡母輔之]인데, 아평이 당연히 가장 뒤집니다."
유공이 말했다.
"아평은 자신이 뒤진다는 것을 인정하려 들지 않을 것 같소."
유공이 다시 물었다.
"누가 가장 뛰어나오?"
왕 대장군이 대답했다.
"당연히 그런 사람이 있지요."
유공이 다시 물었다.
"그 사람이 누구요?"
왕 대장군이 대답했다.
"아! 거기에는 당연히 공인된 논평이 있지요."

좌우 사람들이 [눈치를 주느라고] 유공을 발로 밟자, 유공은 [더 이상 질문하는 것을] 그만 두었다.

> 王大將軍下, 庾公問: "卿有四友, 何者是?" 答曰: "君家中郎, 我家太尉·阿平, 胡毋彦國, 阿平故當最劣." 庾曰: "似未肯劣." 庾又問: "何者居其右?" 王曰: "自有人." 又問: "何者是?" 王曰: "噫! 其自有公論." 左右躡公, 公乃止.

□ 한 언덕과 한 골짜기[一丘一壑]

일구일학一丘一壑 : 세속을 떠나 산수를 즐기다. 은자隱者가 사는 곳.

명제明帝[司馬紹]가 사곤謝鯤에게 물었다.
"당신은 스스로 유량庾亮과 비교하여 어떻다고 생각하오?"
사곤이 대답했다.
"조정에서 단정하게 예복을 입고 백관에게 모범으로 삼도록 하는 것은 신이 유량만 못하지만, 한 언덕에서 은거하고 한 골짜기에서 낚시하는 것은 그보다 낫다고 스스로 생각하옵니다."

> 明帝問謝鯤: "君自謂何如庾亮?" 答曰: "端委廟堂, 使百僚準則, 臣不如亮. 一丘一壑, 自謂過之."

□ 치공의 세 가지 모순[郗公三反]

변망지卞望之[卞壺]가 말했다.
"치공郗公[郗愔]은 자체에 세 가지 모순이 있다. 윗사람을 섬기는 데는 방정하면서도 아랫사람이 자기에게 아첨하는 것을 좋아하는 것이 첫째 모순이고, 청렴하고 바르게 몸을 다스리면서도 일마다 너무 계산적이고 따지는 것이 둘째 모순이며, 자신은 독서를 좋아하면서도 남이 학문하는 것을 싫어하는 것이 셋째 모순이다."

> 卞望之云: "郗公體中有三反. 方於事上, 好下佞己, 一反. 治身淸貞, 大修計校, 二反. 自好讀書, 憎人學問, 三反."

□ 훌륭한 사람은 말이 적다[吉人辭寡]

왕황문王黃門[王徽之] 형제 세 명이 함께 사공謝公[謝安]을 방문했는데, 왕자유王子猷[王徽之]와 왕자중王子重[王操之]은 세속의 일을 많이 말했으나, 왕자경王子敬[王獻之]은 문안인사만 할 뿐이었다. 그들이 떠난 뒤에 그 자리에 있던 빈객이 사공에게 물었다.

"방금 전의 세 현자 가운데 누가 뛰어납니까?"

사공이 말했다.

"막내가 가장 뛰어나지요."

빈객이 말했다.

"어떻게 그것을 알 수 있습니까?"

사공이 말했다.

"[『주역周易』에서] '훌륭한 사람은 말이 적고 경솔한 사람은 말이 많다'고 했으니, 이것으로 미루어 알 수 있지요."

> 王黃門兄弟三人俱詣謝公, 子猷·子重多說俗事, 子敬寒溫而已. 旣出, 坐客問謝公: "向三賢孰愈?" 謝公曰: "小者最勝." 客曰: "何以知之?" 謝公曰: "'吉人之辭寡, 躁人之辭多', 推此知之."

□ 진실로 당연히 같지 않다[고당부동固當不同]

사공謝公[謝安]이 왕자경王子敬[王獻之]에게 물었다.

"당신의 글씨는 당신의 존부尊父와 비교하여 어떠하오?"

왕자경이 대답했다.

"진실로 당연히 같지 않습니다."

사공이 말했다.

"다른 사람들의 평가는 전혀 그렇지 않던데."

그러자 왕자경이 말했다.

"다른 사람들이 어떻게 알 수 있겠습니까?"

謝公問王子敬: "君書何如君家尊?" 答曰: "固當不同." 公曰: "外人論殊不爾." 王曰: "外人那得知?"

10. 규잠: Admonitions and Warnings

'규잠規箴'은 바른 말로 권계勸戒한다는 뜻이다. 작자가 「규잠」편을 설정한 본래 의도는 대개 권계자의 용기와 재지才智를 선양하기 위한 것이지만, 그 실제적인 효용은 통치자들의 부도덕함과 어리석음을 드러내는 것도 포함하고 있다. 위진시대는 역사상 두드러진 난세亂世 가운데 하나이기 때문에 통치자들의 이러한 비행을 암암리에 지적해낸 고사는 충분히 시대적인 의의를 지니고 있다고 할 수 있다.

그밖에 「규잠」편에는 후세까지 귀감으로 여겨지는 명구들이 실려 있는데, 예를 들어 혜원慧遠이 스님들을 면려勉勵하게 하면서 "아침 햇살처럼 시간의 흐름과 더불어 밝게 빛나길 바랄 뿐이다〔但願朝陽之輝, 與時並明耳〕"라고 한 말은 지금까지 널리 애송되는 명구로, 사람들을 학문에 매진하도록 격려하는 경우에 즐겨 쓰인다.

□ 어찌 감히 흥성하다고 말할 수 있겠습니까〔何敢言盛〕

〔오吳나라의 말제末帝〕 손호孫皓가 승상 육개陸凱에게 물었다.
"그대의 일족은 조정에 몇 명이나 있소?"
육개가 말했다.
"재상이 2명, 후작侯爵이 5명, 장군이 10여 명 있사옵니다."
손호가 말했다.
"흥성하도다!"
그러자 육개가 말했다.
"군주가 현명하고 신하가 충성스러운 것은 국가의 흥성이며, 아비가 자애롭고 자식이 효성스러운 것은 집안의 흥성입니다. 지금 정치가 황폐하고 백성이 피폐하여 나라가 전복되는 것을 걱정하고 있는 판인데, 신이 어찌 감히 흥성하다고 말할 수 있겠사옵니까?"

孫皓問丞相陸凱曰: "卿一宗在朝有幾人?" 陸曰: "二相·五侯·將軍十餘人." 皓曰: "盛哉!" 陸曰: "君賢臣忠, 國之盛也, 父慈子孝, 家之盛也. 今政荒民弊, 覆亡是懼, 臣何敢言盛?"

□ 이 자리가 아깝구나〔此坐可惜〕

진晉나라 무제武帝〔司馬炎〕는 태자〔惠帝 司馬衷〕가 우둔하다는 것을 전혀 깨닫지 못하고 반드시 제위를 잇게 할 생각을 하고 있었는데, 여러 명신들도 대부분 직언을 올렸다. 무제가 한번은 능운대陵雲臺에 앉아 있을 때, 위관衛瓘이 옆에 있다가 속마음을 아뢰고자 취한 척하고 무제 앞에 꿇어앉아 손으로 어좌御座를 어루만지며 말했다.

"이 자리가 아깝구나!"

무제는 그 말의 뜻을 알아차렸지만 웃으면서 말했다.

"공은 취했소?"

> 晉武帝既不悟太子之愚, 必有傳後意, 諸名臣亦多獻直言. 帝嘗在陵雲臺上坐, 衛瓘在側, 欲申其懷, 因如醉跪帝前, 以手撫牀曰: "此坐可惜!" 帝雖悟, 因笑曰: "公醉邪?"

□ 이 물건[阿堵物]

아도물阿堵物 : 돈의 다른 이름.

왕이보王夷甫[王衍]는 평소에 현묘하고 심원한 이치를 숭상했는데, 항상 부인의 탐욕스러움을 미워하여 일찍이 돈 '전錢'자를 입에 담은 적이 없었다.

부인이 그를 시험해 보려고 하녀에게 명하여 돈으로 그의 침상을 에워싸서 걸어갈 수 없게 만들어놓았다. 왕이보는 아침에 일어나 깔려 있는 돈 때문에 발 디딜 틈이 없는 것을 보고 하녀를 불러 말했다.

"이 물건 좀 치워라!"

> 王夷甫雅尙玄遠, 常嫉其婦貪濁, 口未嘗言'錢'字. 婦欲試之, 令婢以錢遶牀, 不得行. 夷甫晨起, 見錢閡行, 呼婢曰: "擧卻阿堵物!"

□ 배를 삼킬 만한 큰 물고기가 그물에서 빠져나가다[網漏吞舟]

망루탄주網漏吞舟 : 중죄인이 빠져나갈 정도로 법망이 허술하다.

왕승상王丞相(王導)이 양주자사揚州刺史로 있을 때, 여덟 명의 부종사部從事(자사의 속관)를 파견하여 직분을 맡겼는데, 고화顧和는 당시 하급 사자使者로 있다가 돌아와 부종사들과 함께 왕승상을 배알했다. 여러 종사들은 각자 해당지역 군수의 공과功過를 보고했지만, 차례가 되었는데도 고화 혼자만 말이 없었다. 왕승상이 고화에게 물었다.

"그대는 무엇을 들었는가?"

고화가 대답했다.

"명공께서는 천자를 보좌하면서 배를 삼킬 만한 큰 물고기까지도 그물에서 빠져나가게 하시는데, 어찌하여 풍문을 채집하여 듣고 '엄하게 감찰하는 정치[察察之政]'*를 하려 하십니까?"

왕승상은 감탄하며 훌륭하다고 칭찬했으며, 여러 종사들은 스스로 부족함을 느꼈다.

* 찰찰지정察察之政: 형벌제도를 분명히 하여 엄히 다스리는 정치.
  王丞相爲揚州, 遣八部從事之職. 顧和時爲下傳, 還, 同時俱見. 諸從事各奏二千石官長得失, 至和獨無言. 王問顧曰: "卿何所聞?" 答曰: "明公作輔, 寧使網漏吞舟, 何緣采聽風聞, 以爲察察之政?" 丞相咨嗟稱佳, 諸從事自視缺然也.

□ 아침햇살[朝陽之暉]

조양지휘朝陽之暉 : 떠오르는 아침 태양의 햇살. 젊은 날. 청년.

원공遠公(慧遠)은 여산廬山에 있을 때, 노령이었지만 불경강론을 멈추지 않았다. 제자 가운데 혹 나태한 자가 있으면 원공은 이렇게 말했다.

"'석양의 빛〔桑楡之光〕'*은 멀리 비출 수 없는 법이니, 제군들은 아침햇살처럼 시간의 흐름과 더불어 밝게 빛나길 바랄 뿐이다."

그는 불경을 들고 고좌高座에 올라 낭랑하고 유창하게 낭송했는데, 그 말과 안색이 매우 절실했다. 배움이 높은 제자들은 모두 숙연하게 그에 대한 존경심을 더했다.

* 상유지광桑楡之光: 지는 저녁 태양의 빛. 노년. 만년晩年.
  遠公在廬山中, 雖老, 講論不輟. 弟子中或有墮者, 遠公曰: "桑楡之光, 理無遠照. 但願朝陽之暉, 與時並明耳." 執經登坐, 諷誦朗暢, 詞色甚苦. 高足之徒, 皆肅然增敬.

11. 첩오: Quick Perception

'첩오捷悟'는 생각이 민첩하고 깨달음이 신속하다는 뜻이다. 위진시대에는 인간의 총명한 재지才智를 매우 중시했는데, 「첩오」편은 바로 그러한 시대적 특징을 잘 보여주고 있다. 양수楊脩에 관한 고사가 가장 많은데, 양수는 한나라 말 건안建安연간 사람으로 조조曹操의 아들 조식曹植과 친한 사이였다. 그의 총명한 재지에 관한 일화는 너무나도 유명하여 지금까지 인구에 회자되고 있다. 그러나 격렬한 권력투쟁이 벌어졌던 위진시대에 양수는 자신의 재지를 숨김없이 드러냄으로써, 조조는 조비曹丕를 태자로 확정한 뒤에 양수가 조식을 위한 계책을 세워 분란을 조성할까 봐 두려워 결국 그를 살해했다. 이와는 반대로 치초郗超는 어수룩하게 보임으로써 권신 환온桓溫의 의심을 피하여 결국 화를 면할 수 있었다.

「첩오」편에서 작자는 양수의 불행한 결말에 대하여 직접적인 언급은 하지 않았지만, 그와 대조되는 치초의 고사를 뒤에 안배함으로써 자신이 의도하는 바를 암암리에 드러내고 있다.

□ 절묘한 문장[絶妙好辭]

절묘호사絶妙好辭 : 아주 훌륭한 문장.

위나라 무제武帝[曹操]가 한번은 조아曹娥[한나라 때의 孝女]의 비석 아래를 지나간 적이 있었는데 그때 양수楊脩가 수행했다. 비석의 뒷면에 '황견유부외손제구黃絹幼婦外孫韲臼' 여덟 자가 씌어 있는 것을 보고 무제가 양수에게 말했다.

"[무슨 뜻인지] 해독할 수 있겠는가?"

양수가 대답했다.

"해독할 수 있습니다."

무제가 말했다.

"그대는 아직 말하지 말고 내가 생각해내기를 기다리게."

30리를 간 뒤에 비로소 무제가 말했다.

"나도 이미 알아냈다."

그리고는 양수에게 그 해답을 따로 기록해 두라고 했다. 양수가 말했다.

"'황견'은 색실이니 글자로는 '절絶'이 되고, '유부'는 젊은 여자이니 글자로는 '묘妙'가 되며, '외손'은 딸의 아들이니 글자로는 '호好'가 되고, '제구'는 매운 양념을 담으니 글자로는 '사辭'가 되므로, 이른바 '절묘호사絶妙好辭'라는 뜻입니다."

무제도 [자신의 해답을] 기록해 두었는데 양수와 똑같았다. 그래서 감탄하며 말했다.

"나의 재지가 그대만 못하니 그 차이가 30리로다!"

> 魏武嘗過曹娥碑下, 楊脩從. 碑背上見題作黃絹幼婦外孫齏臼八字, 魏武謂脩曰: "解不?" 答曰: "解." 魏武曰: "卿未可言, 待我思之." 行三十里, 魏武乃曰: "吾已得." 令脩別記所知. 脩曰: "'黃絹', 色絲也, 於字爲'絶'. '幼婦', 少女也, 於字爲'妙'. '外孫', 女子也, 於字爲'好'. '齏臼', 受辛也, 於字爲'辭'. 所謂絶妙好辭也." 魏武亦記之, 與脩同. 乃歎曰: "我才不如卿, 乃覺三十里!"

□ 한직이나 맡으면서 스스로를 보양하길 청하다[乞閑地自養]

치사공郗司空[郗愔]이 북부北府[京口의 軍府]에 있을 때, 환선무桓宣武[桓溫]는 그가 병권을 장악하고 있는 것을 못마땅해 했다. 치사공은 정세情勢에 대해 평소 어두웠는데, 환선무에게 이런 내용의 서찰을 보냈다.

"바야흐로 함께 왕실을 도와 능침陵寢을 수복하고자 합니다."*

[치사공의] 장남 치가빈郗嘉賓[郗超]이 외출하였다가 길에서 [부친이 환선무에게 보내는] 사자使者가 도착하였다는 소식을

듣고 급히 서찰을 꺼내서 다 읽고 나서 갈기갈기 찢어버린 뒤에 곧장 집으로 돌아가 서찰을 다시 써서 스스로 이렇게 진술했다.

"늙고 병들어 세상일을 감당할 수 없으니 한직閑職이나 맡으면서 스스로를 보양하길 청하고자 합니다."

환선무는 그 서찰을 받고 크게 기뻐하며, 즉시 조서를 내려 치사공을 독오군督五郡과 회계태수會稽太守로 전임시켰다.

❋ 본래 진晉나라의 도읍은 낙양이었지만 흉노족 유연劉淵·유총劉聰 등에 의해 점령당한 이후 중원은 이민족이 통치하게 되었는데, 원제元帝 사마예司馬睿가 건강建康에서 즉위하여 동진東晉이 건립되면서 선대의 능묘陵廟가 있는 낙양을 수복하자는 운동이 일어났다.

郗司空在北府, 桓宣武惡其居兵權. 郗於事機素暗, 遣牋詣桓: "方欲共獎王室, 脩復園陵." 世子嘉賓出行, 於道上聞信至, 急取牋, 視竟, 寸寸毁裂, 便回還更作牋, 自陳: "老病不堪人間, 欲乞閑地自養." 宣武得牋大喜, 卽詔轉公督五郡·會稽太守.

12. 숙혜 : Precocious Intelligence

'숙夙'은 '이르다〔早〕'는 뜻이고 '혜慧'는 '혜慧'와 통하며 '총명하다'는 뜻이므로, '숙혜夙惠'는 어릴 때부터 총명하다는 뜻이다. 「숙혜」편은 한말·위진 시기의 이른바 신동神童이라고 불리는 총명한 어린이들에 관한 고사를 전문적으로 기록해 놓은 것이다. 이러한 류의 고사는 「숙혜」편 외에도 「덕행德行」·「언어言語」편 등 여러 편에 적잖이 실려 있는데, 이것 역시『세설신어』의 중요한 특징 가운데 하나로서 인물의 총명한 재지才智를 중시하던 당시의 기풍과 관련이 있다. 일반적으로 총명한 어린이에 관한 고사는 사람들의 입에 자주 오르내리고 친근감을 주는 것이 대부분이다.

그러나「숙혜」편의 고사 가운데 일부분은 당시의 복잡한 사회적·역사적 배경에서 나온 것으로 의미심장한 뜻을 담고 있는 경우도 있다. 또한『세설신어』의 두드러진 언어특징으로 지적되는 것은 간결하고 준일한 언어로 심각하고 풍부한 함의를 표현하는 것인데,「숙혜」편이 바로 그러한 특징을 잘 보여주고 있다.

□ 태양은 가깝고 장안은 멀다[日近長安遠]
일근장안원日近長安遠 : 도성(수도·서울)에 가고 싶은데 갈 수 없다.

진晉나라 명제明帝(司馬紹)가 몇 살 안되었을 때 (부친) 원제元帝(司馬睿)의 무릎에 앉아 있었는데, 장안長安에서 온 사람이 있기에 원제가 낙양洛陽의 소식을 물어보고는 주르륵 눈물을 흘렸더니, 명제가 물었다.

"어찌하여 우시옵니까?"

원제는 강남으로 건너오게 된 뜻을 자세히 일러주고* 이어서 명제에게 물었다.

"너는 장안과 태양 가운데 어느 쪽이 멀다고 생각하느냐?"

명제가 대답했다.

"태양이 머옵니다. 태양에서 온 사람이 있다는 소문은 듣지 못했으니 분명히 알 수 있습니다."

원제는 기특하다고 생각했다. 다음날 신하들을 소집하여 연회를 베풀면서 그 이야기를 해주며 또다시 물었더니, 명제가 대답하였다.

"태양이 가깝사옵니다."

원제가 실색하며 말했다.

"너는 어찌하여 어제 한 말을 바꾸느냐?"

명제가 대답했다.

"눈을 들어 바라보면 태양은 보이지만 장안은 보이지 않기 때문입니다."

* 서진西晉의 도성인 낙양은 혜제惠帝 때 이른바 '팔왕八王의 난'을 겪은 뒤 황폐해졌고 그 뒤 회제懷帝 영가永嘉 5년(311)에는 성한成漢의 유총劉聰이 파견한 유요劉曜·왕미王彌의 군대에 함락되었는데, 당시 성한의 군대는 궁전을 불태우고 약탈을 자행하여 왕공王公·백관百官·사민士民 3만여 명을 살해했다. 또한 낙양이 함락되었다는 소식을 듣고 민제愍帝가 장안에서 즉위했지만 곧바로 유요의 군대에게 장안이 함락당했으며(316), 회제와 민제는 유총에게 살해당했다. 그 뒤 장강을 건너와 대흥大興 원년(318)에 건강建康에서 즉위하여 동진東晉시대를 연 황제가 원제이다. 원제는 바로 그러한 과정을 아들 명제에게 일러준 것이다.

> 晉明帝數歲, 坐元帝膝上, 有人從長安來, 元帝問洛下消息, 潸然流涕, 明帝問: "何以致泣?" 具以東渡意告之, 因問明帝: "汝意謂長安何如日遠?" 答曰: "日遠. 不聞人從日邊來, 居然可知." 元帝異之. 明日集羣臣宴會, 告以此意, 更重問之, 乃答曰: "日近." 元帝失色, 曰: "爾何故異昨日之言邪?" 答曰: "擧目見日, 不見長安."

□ 다리미 자루까지 뜨겁다[熨斗柄熱]

한강백韓康伯[韓伯]이 몇 살 안되었을 때, 집이 너무나 가난하여 대한大寒이 되었는데도 저고리만 입고 있었다. 모친 은부인殷婦人이 직접 그것을 만들어 주고 한강백에게 다리미를 들고 있으라 하면서 그에게 말했다.

"잠시 저고리를 입고 있으면 나중에 겹바지를 만들어 주마."

한강백이 말했다.

"이거면 충분하니 겹바지는 필요없습니다."

모친이 그 이유를 물었더니 한강백이 대답했다.

"불이 다리미 속에 있어서 자루까지 뜨겁습니다. 지금 이미 저고리를 입고 있으니 아랫도리도 당연히 따뜻해질 것입니다. 그래서 필요없다는 것입니다."

모친은 그를 매우 기특하게 여기며 나라의 중요한 인물이 될 것이라고 생각했다.

> 韓康伯年數歲, 家酷貧, 至大寒, 止得襦. 母殷夫人自成之, 令康伯捉熨斗, 謂康伯曰: "且箸襦, 尋作複巾軍." 兒云: "已足, 不須複幝也." 母問其故, 答曰: "火在熨斗中而柄熱. 今旣箸襦, 下亦當煖. 故不須耳." 母甚異之, 知爲國器.

13. 호상: Virile Vigor

'호상豪爽'은 호방하고 활달하다는 뜻이다. 이것 역시 위진시대에 상당히 중시했던 인물의 개성 가운데 하나이다. 「호상」편은 동진東晉 초기의 권신 왕돈王敦과 동진 중기의 권신 환온桓溫에 관한 고사가 중심을 이루고 있는데, 이 두 사람은 모두 대단한 야심가였다. 왕돈은 조조曹操의 인물됨을 흠모하면서 진晉왕조를 찬탈할 생각을 품고 있었으며, 환온 역시 왕돈을 본받을 만한 인물로 여기면서 역모의 흑심을 늘 지니고 있었다. 얼른 납득이 가지 않는 점은 이러한 대표적인 반신叛臣이 왜 당시인들과 『세설신어』의 작자에 의해 긍정적으로 받아들여졌는가 하는 것이다.

그 이유는 두 가지 측면에서 설명될 수 있겠다. 첫째는 위진시대의 특수한 기풍을 들 수 있다. 전통적인 유가의 도덕표준이 당시의 어지러운 시대상황에서 권위를 잃어버렸기 때문에 위진인들은 충신의사忠臣義士보다는 간웅을 포함한 영웅호걸을 더욱 중시했던 것이다. 둘째는 창작과정에서 드러난 작자의 유형화類型化 경향을 들 수 있다.

『세설신어』는 편목을 나누어 인물을 묘사하면서 각 편목마다 위진인들의 전반적인 성격특징을 표현했는데, 작자는 하나의 편목에서 특정한 인물을 묘사하고 평가할 때 다른 편목의 내용성에 거의 영향을 받지 않았던 것이다. 이러한 측면은 『세설신어』의 인물묘사와 인물평가가 복잡성을 띠는 주요요인 가운데 하나로 지적된다.

□ 타구를 두들기다[擊打唾壺]

왕처중王處仲[王敦]은 매번 술을 마신 뒤에 [조조曹操의 악부시 樂府詩를] 읊조렸다.

"늙은 준마 말구유에 엎드려 있지만, 그 뜻은 천리에 있네[老驥伏櫪, 志在千里].* 열사는 노년이지만, 장한 마음 끊임없네."

그러면서 여의如意**로 타구唾具를 두들겨 타구 주둥이가 모두 이지러졌다.

＊ 노기복력 지재천리老驥伏櫪 志在千里: 늙었어도 아직까지 원대한 뜻이 있다.
＊＊ 주로 스님이나 청담가淸談家들이 곁에 두고서 여러 용도로 사용하던 작은 막대기.

> 王處仲每酒後, 輒詠: "老驥伏櫪, 志在千里. 烈士暮年, 壯心不已." 以如意打唾壺, 壺口盡缺.

□ 장쾌한 마음과 호방한 기상[雄情爽氣]

환선무桓宣武[桓溫]가 촉나라를 평정하고* 나서 막료들을 소집하여 이세李勢의 궁전에서 주연을 베풀었는데, 파巴나라와 촉나라의 벼슬아치 가운데 모이지 않은 사람이 없었다. 환선무는 평소 장쾌한 마음과 호방한 기상을 지니고 있었으며 게다가 이날은 목소리가 특히 낭랑했다. 고금의 일의 성패는 인물로 말미암고 국가의 존망은 인재에 달렸다는 것을 서술했는데, 그 기백 넘치는 모습에 온 좌중이 찬탄했다. 주연이 끝난 뒤에도 사람들이 환선무의 나머지 말을 되새겨 음미하자, 그때 심양尋陽의 주복周馥이 말하였다.

"그대들이 왕 대장군王大將軍[王敦]을 보지 못한 것이 안타깝소!"

※ 환온桓溫은 동진東晉 목제穆帝 영화永和 2년(346)에 익주자사益州刺史 주무周撫와 남군태수南郡太守인 초왕譙王 사마무기司馬無忌를 끌어들여 성한成漢[後蜀]의 토벌에 나섰으며, 이듬해(347) 참군 손성孫盛과 주초周楚[周撫의 아들]를 남겨 군수품을 지키게 하고 자신은 성도成都로 진격하여 성한왕 이세의 군대를 대파했다.

> 桓宣武平蜀, 集參僚置酒於李勢殿, 巴·蜀縉紳, 莫不來萃. 桓旣素有雄情爽氣, 加爾日音調英發. 敍古今成敗由人, 存亡繫才, 其狀磊落, 一坐歎賞. 旣散, 諸人追味餘言, 于時尋陽周馥曰: "恨卿輩不見王大將軍!"

14. 용지: Appearance and Behavior

'용지容止'는 용모와 행동거지라는 뜻인데, 여기에는 인물의 내재적인 풍격까지도 포괄되어 있다. 준수한 용모와 멋있는 행동거지는 어떠한 시대나 어떠한 사람을 막론하고 모두 좋아하는 바이지만, 위진 사람들은 이를 특히 애호하여 '옥산장붕玉山將崩'·'간살위개看殺衛玠'·'모사반악貌似潘岳'과 같은 성어成語가 지금까지 인구에 회자되고 있다.

위진 사람들은 고정적인 용모보다는 가변적인 행동거지를 더욱 중시했는데, 이것은 인물의 내심과 객관세계의 교류에 따라 인물의 행동거지가 변화하므로 이를 통하여 인물의 풍채風采를 가장 잘 묘사할 수 있기 때문이다. 또한 적절한 자연물에 빗

대어 인물의 풍모와 정신을 표현하는 것도 즐겨 사용된 묘사수법 가운데 하나이다. 따라서 「용지」편에는 당시 사람들이 지녔던 심미관審美觀의 일면이 잘 드러나 있다.

□ 자리 앞에서 칼을 들고 서 있는 사람[牀頭捉刀人]
상두착도인牀頭捉刀人 : 착도捉刀. 남을 대신해서 글을 써주는 사람.

위나라 무제武帝(曹操)가 장차 흉노匈奴의 사신을 접견하려 할 때, 자신의 모습이 볼품없어서 먼 나라에 위엄을 보이기에 부족하다고 스스로 생각하여, 최계규崔季珪(崔琰)에게 대신 접견하도록 하고 무제 자신은 칼을 들고 어좌御座 앞에 서 있었다. 접견이 다 끝난 뒤에 첩자를 보내 사신에게 물어보게 했다.

"위왕은 어떠하더이까?"

흉노의 사신이 대답했다.

"위왕魏王의 훌륭하신 의용儀容은 비범하시지만, 어좌 앞에서 칼을 들고 서 있던 그 사람이 바로 영웅이더군요."

무제는 보고를 듣고 그 사신을 추격하여 살해하게 했다.

<small>魏武將見匈奴使, 自以形陋, 不足雄遠國, 使崔季珪代, 帝自捉刀立牀頭. 旣畢, 令間諜問曰: "魏王何如?" 匈奴使答曰: "魏王雅望非常, 然牀頭捉刀人, 此乃英雄也." 魏武聞之, 追殺此使.</small>

□ 옥산이 장차 무너지려는 것 같다[玉山將崩]
옥산장붕玉山將崩 : 술에 취한 모습을 멋스럽게 표현한 말.

혜강嵇康은 신장이 7척 8촌이었고 풍모가 특히 빼어났다. 그를 본 사람이 감탄하며 말했다.

"깔끔하고 엄숙하며 상쾌하고 청준淸俊하구나!"

어떤 사람은 또 이렇게 말했다.

"쏴아! 하고 소나무 아래의 바람처럼 높다랗게 천천히 분다."

산공山公〔山濤〕이 말했다.

"혜숙야嵇叔夜〔嵇康〕의 사람됨은 외로운 소나무가 홀로 서 있는 것처럼 우뚝하며, 그가 취했을 때는 옥산玉山이 장차 무너지려는 것처럼 흔들거린다."

嵇康身長七尺八寸, 風姿特秀. 見者嘆曰: "蕭蕭肅肅, 爽朗淸擧!" 或云: "肅肅如松下風, 高而徐引." 山公曰: "嵇叔夜之爲人也, 巖巖若孤松之獨立. 其醉也, 傀俄若玉山之將崩."

□ 반악의 멋진 자태[潘岳姿容]*

반악潘岳은 용모가 그야말로 빼어났으며 표정과 태도가 매력적이었다. 젊었을 때 탄궁彈弓을 옆에 끼고 낙양洛陽 거리로 나가면 그를 만난 여인들이 모두 손을 맞잡고 함께 그를 에워싸곤 했다.

좌태충左太冲〔左思〕은 너무 못생겼지만 역시 반악을 흉내내서 놀러 나갔다가 여인들이 일제히 마구 그에게 침을 뱉는 바람에 기가 죽어 돌아왔다.

* 모사반악貌似潘岳: 모습이 반악을 닮다. 용모가 멋지다. 반랑潘郞: 미남의 대칭.

潘岳妙有姿容, 好神情. 少時, 挾彈出洛陽道, 婦人遇者, 莫不連手共縈之.

左太沖絶醜, 亦復效岳遊遨, 於是羣嫗齊共亂唾之, 委頓而返.

□ 구경 독이 위개를 죽이다[看殺衛玠]
간살위개看殺衛玠 : 인기가 너무 많아 건강을 해치다.

위개衛玠가 예장豫章으로부터 하도下都[建鄴]에 이르렀는데, 사람들은 오랫동안 그의 명성을 들어왔기 때문에 에워싼 구경꾼이 담을 친 것 같았다. 위개는 이전부터 병약했기에 몸이 피로를 견디지 못하여 마침내 병이 들어 죽고 말았다. 그래서 당시 사람들은 "구경 독이 위개를 죽였다"라고 말했다.

> 衛玠從豫章至下都, 人久聞其名, 觀者如堵牆. 玠先有羸疾, 體不堪勞, 遂成病而死. 時人謂看殺衛玠'.

□ 옻칠을 찍어놓은 것 같은 눈[眼如點漆]
안여점칠眼如點漆 : 눈이 새까맣고 또렷하다.

왕우군王右軍[王羲之]이 두홍치杜弘治[杜乂]를 보고 찬탄했다.
"얼굴은 기름이 엉기어 있는 것[面如凝脂]* 같고 눈은 옻칠을 찍어놓은 것 같으니, 이 사람은 신선계神仙界의 인물이로다!"
당시 사람 가운데 왕장사王長史[王濛]의 용모를 칭찬하는 자들이 있었는데, 채공蔡公[蔡謨]이 말했다.
"여러분이 두홍치를 보지 못한 것이 아쉬울 뿐이오!"

＊ 면여응지面如凝脂: 얼굴이 하얗고 윤기 흐르다.

> 王右軍見杜弘治, 歎曰: "面如凝脂, 眼如點漆, 此神仙中人!" 時人有稱王長史形者, 蔡公曰: "恨諸人不見杜弘治耳!"

15. 자신 : Self-renewal

'자신自新'은 자신의 과오를 스스로 고쳐서 새로워진다는 뜻이다. 지난날의 잘못을 진심으로 반성하고 새롭게 태어나 훌륭한 인물이 된다는 이야기는 예나 지금이나 교훈적인 미담으로 여겨진다. 「자신」편은 단 2조만 실려 있지만 다른 어떤 편의 고사보다도 인구에 널리 회자되고 있다. 특히 주처周處의 고사는 도덕적인 측면에서뿐만 아니라 문학적으로도 고사성이 뛰어나 후대의 여러 희곡작품으로 개편되어 그 영향이 지대하다.

□ 주처의 개과천선[周處自新]

주처周處는 젊었을 때 성질이 매우 난폭하여 마을사람들의 근심거리였다. 또한 의흥義興의 강 속에는 교룡蛟龍이 있었고 산 속에는 배회하는 호랑이가 있어서 모두 백성들에게 큰 해를 끼쳤다. 의흥사람들은 이를 '3횡三橫'이라 불렀는데 그 가운데도 주처가 가장 심했다.

어떤 사람이 주처에게 호랑이를 죽이고 교룡을 베어보라고 부추겼는데, 사실은 '3횡' 가운데 그 하나만 남았으면 하는 바람에서 한 말이었다. 주처는 즉시 호랑이를 찔러죽이고 다시 물속으로 들어가 교룡과 싸웠다. 교룡이 떴다 가라앉았다 하면서 수십 리를 갔는데, 주처도 교룡과 함께 맞붙어 삼 일 밤 낮을 경과했다. 마을에서는 모두들 주처가 이미 죽었다고 생각하여 서로 축하했다.

주처는 마침내 교룡을 죽이고 나왔는데, 마을사람들이 서로 축하하는 소리를 듣고 비로소 자기가 사람들의 근심거리였다는 것을 알게 되어 스스로 잘못을 고치려는 뜻을 품었다. 그래서 오吳로 들어가 2륙二陸(陸機·陸雲)을 찾아갔는데, 육평원陸平原(陸機)이 집에 없어서 곧 육청하陸淸河(陸雲)를 만나 사정을 갖추어 고하고 덧붙여 말했다.

"스스로 잘못을 고치려고 하나 나이가 이미 많이 들어서 결국 이룰 바가 없을 듯합니다."

그러자 육청하가 말했다.

"옛 사람은 '아침에 도를 깨달으면 저녁에 죽어도 좋다'는 말을 귀히 여겼는데, 하물며 그대는 앞길이 아직도 창창한 사람이오. 또한 사람은 뜻을 세우지 못함을 근심할 뿐이니 어찌 훌륭한 명성을 드날리지 못함을 걱정하겠소?"

주처는 마침내 스스로 잘못을 고치고 열심히 노력하여 결국에는 충신효자가 되었다.

> 周處年少時, 兇彊俠氣, 爲鄕里所患. 又義興水中有蛟, 山中有邅跡虎, 竝皆暴犯百姓. 義興人謂爲'三橫', 而處尤劇. 或說處殺虎斬蛟, 實冀三橫唯餘其一. 處卽刺殺虎, 又入水擊蛟, 蛟或浮或沒, 行數十里, 處與之俱, 經三日三夜. 鄕里皆謂已死, 更相慶. 竟殺蛟而出. 聞里人相慶, 始知爲人情所患, 有自改意. 乃自吳尋二陸, 平原不在, 正見淸河, 具以情告, 竝云: "欲自修改, 而年已蹉跎, 終無所成." 淸河曰: "古人貴'朝聞夕死', 況君前途尙可. 且人患志之不立, 亦何憂令名不彰邪?" 處遂改勵, 終爲忠臣孝子.

16. 기선: Admiration and Emulation

'기선企羨'은 바라고 부러워하다, 즉 선망羨望하다는 뜻이다. 어떤 인물, 어떤 일을 선망하느냐를 살펴보면 선망자의 이상과 추구를 알 수 있다. 위진의 인사들이 가장 선망했던 것은 인물의 출중한 재능과 호방하고 활달한 기풍과 준수한 풍모였는데「기선」편에 그러한 면면이 잘 묘사되어 있다.

□ 치초가 크게 기뻐하다[郗超大喜]

치가빈郗嘉賓(郗超)은 사람들이 자기를 부견苻堅*과 비교하자 크게 기뻐했다.

* 5호16국 가운데 하나인 전진前秦의 선양제宣陽帝. 진晉나라의 입장에서 보면 적국의 왕이지만, 오호의 여러 나라에서는 유교儒敎를 받들어 덕치정치德治政治를 펼친 훌륭한 군주로 널리 알려졌다.
  郗嘉賓得人以己比苻堅, 大喜.

□ 신선계의 사람[神仙中人]

맹창孟昶은 아직 현달顯達하지 못했을 때 집이 경구京口에 있었다. 한번은 왕공王恭이 높다란 수레를 타고 학창구鶴氅裘[학의 깃털로 만든 옷)를 입고 있는 것을 보았다. 그때는 눈이 약간 내렸는데 맹창이 울타리 틈으로 그를 엿보며 감탄했다.
"이 사람은 진정 신선계神仙界의 사람이야!"

孟昶未達時, 家在京口. 嘗見王恭乘高輿, 被鶴氅裘. 于時微雪, 昶於籬間窺之, 歎曰: "此眞神仙中人也!"

17. 상서: Grieving for the Departed

'상서傷逝'는 죽은 자를 위해서 슬퍼한다는 뜻이다. 위진시대는 인간의 독특한 가치를 중시하기 시작한 시대인 반면에, 빈번한 외족의 침입과 격렬한 왕권쟁탈로 인한 전란이 일어나고 그에 따른 재난과 역병이 심했으며, 또한 유례없이 인재가 수난당하던 시대였다. 위진의 일부 인사들은 세속적이고 가식적인 장례의식을 과감히 탈피하여 독특한 애도방식을 취했는데, 영전에서 금琴을 타거나 나귀 울음소리를 흉내내는 등이 그러한 예이다.

이러한 방식은 보통사람이 볼 때는 예의에 어긋나는 괴상한 행동이지만, 예의의 굴레를 벗어나 진실한 애도의 감정을 표현하는 데에는 보다 감동적일 수 있다.

「상서」편에는 당시 인사들의 일탈적인 행위에 담긴 진솔한 감정표현이 잘 묘사되어 있다.

□ 장례식에서 나귀 울음소리를 내다[臨喪驢鳴]

왕중선王仲宣[王粲]은 나귀 울음소리를 좋아했는데, 죽어서 장례를 치를 때 문제文帝[曹丕]가 그의 장례식에 참석하여 [생전에 그와] 함께 교유했던 벗들을 돌아보며 말했다.

"왕중선은 나귀 울음소리를 좋아했으니, 각자 한 번씩 그 소리를 내서 그에게 들려주도록 합시다."

그런 연유로 하여 조문객들은 모두 한 번씩 나귀의 울음소리를 냈다.

> 王仲宣好驢鳴, 旣葬, 文帝臨其喪, 顧語同遊曰: "王好驢鳴, 可各作一聲以送之." 赴客皆一作驢鳴.

□ 영구대로 올라가서 금을 타다[上牀鼓琴]

고언선顧彦先[顧榮]은 평생 금琴을 좋아했으므로, 그가 죽었을 때 집안사람들이 항상 금을 영구대靈柩臺 위에 놓아두었다. 장계응張季鷹[張翰]이 가서 곡을 하다가 그 애통함을 가누지 못하여 마침내 곧장 영구대로 올라가서 금을 탔는데, 몇 곡을 끝내고 나서 금을 어루만지며 말했다.

"고언선! 여전히 이것을 감상하시겠는가?"

그리고는 다시 대성통곡했다. 결국에는 상주喪主의 손도 잡아보지 않고 떠나버렸다.

> 顧彦先平生好琴, 及喪, 家人常以琴置靈牀上. 張季鷹往哭之, 不勝其慟, 遂徑上牀, 鼓琴, 作數曲竟, 撫琴曰: "顧彦先! 頗復賞此不?" 因又大慟. 遂不執孝子手而出.

□ 옥수를 묻다[埋玉樹]

매옥수埋玉樹: 매옥埋玉. 재능있는 사람이나 미인이 죽어서 땅속에 묻히다.

유문강庾文康[庾亮]이 죽었을 때 하양주何揚州[何充]가 장례식에 참석하여 말했다.

"옥수玉樹를 땅 속에 묻고 보니 사람의 마음이 어떻게 견딜 수 있겠는가!"

庾文康亡, 何揚州臨葬云: "埋玉樹著土中, 使人情何能已己!"

18. 서일: Living in Retirement

'서일棲逸'은 산림에 은거하는 것을 말한다. 위진 교체시기에 위의 조씨曹氏 정권과 진나라 사마씨司馬氏 정권 사이의 권력투쟁이 갈수록 격렬해지면서 사마씨 정권에 협조하기를 거부하거나 또는 화를 피하고 몸을 보전하기 위하여 많은 명사들이 산림에 은거했으며, 정치적인 불안한 환경과 함께 노장老莊철학이 유행하게 되었다. 이로 말미암아 은일隱逸의 기풍이 크게 흥성했는데, 손등孫登·혜강嵆康·완적阮籍 등이 그 대표적인 인물이다.

이러한 은자隱者의 무리는 대부분 당시에 높은 명망과 영향력을 지닌 명사들이었는데, 유량庾亮·치초郗超와 같은 권신은 그들의 역량을 끌어들이는 동시에 자신의 명성을 높이기 위하여 의도적으로 그들과 함께 교유하면서 청담을 나누었으며 거금을 들여 그들의 거처를 마련해 주기도 했다. 나중에는 '은일'에 대한 통치자의 관심이 갈수록 깊어짐에 따라 '은일'을 빙자하여 자신의 몸값을 높임으로써 높은 관직을 얻으려는 자들까지 생겨났는데, 주소周邵가 그 대표적인 예이다.

이렇듯 은일의 기풍은 초기에는 다소 적극적인 측면이 있었으나, 통치자의 관심이 증대되면서 위진시대 사인士人들의 처세방편 가운데 하나로 변질되기도 했다. 그러나 이러한 은일의 기풍은 사인들로 하여금 자연과 접촉할 폭을 넓혀주고 나아가 진송晉宋시대의 산수문학과 산수회화의 발전을 촉진시킴으로써 긍정적인 작용을 하기도 했다.

□ 혜강이 산공에게 절교를 알리다[嵇康告絶山公]

산공山公[山濤]이 장차 이부吏部를 떠날 때 혜강嵇康을 추천하려 했더니, 혜강이 그에게 서찰*을 보내 절교를 알렸다.

* 혜강의 「여산거원절교서與山巨源絶交書」를 말한다.

山公將去選曹, 欲擧嵇康, 康與書告絶.

□ 처경이 즐겁고 편안하다[處之怡然]

강승연康僧淵은 예장豫章에 있을 때, 성곽에서 수십 리 떨어진 곳에 정사精舍를 지었는데, 옆으로 산봉우리가 이어지고 긴 강을 두르고 있었으며, 향기로운 나무가 널찍한 정원에 늘어서고 맑은 냇물이 집을 감돌아 흘렀다.

그는 그곳에서 한적하게 거하며 연구하고 강습하면서 불리삼매佛理三昧를 희구하였다. 유공庾公(庾亮) 등 여러 명사들이 그를 만나러 가서 보았더니, 그는 토납술吐納術*을 운용하여 풍모가 점점 훌륭해졌으며 게다가 치경處境이 즐겁고 편안하며 유유자득했다. 그리하여 명성이 높아졌다. 나중에는 [명성으로 인해 생기는 귀찮음을] 견디지 못하여 마침내 그곳에서 나갔다.

* 폐 속의 탁한 기운을 입으로 내쉬고 외부의 맑은 기운을 코로 들이마시는 양생법養生法의 일종.

> 康僧淵在豫章, 去郭數十里, 立精舍, 旁連嶺, 帶長川, 芳林列於軒庭, 淸流激於堂宇. 乃閑居硏講, 希心理味. 庾公諸人多往看之, 觀其運用吐納, 風流轉佳, 加已處之怡然, 亦有以自得. 聲名乃興. 後不堪, 遂出.

☐ 명승지를 잘 다닐 수 있는 체구[濟勝之具]

제승지구濟勝之具 : 산을 잘 탈 수 있는 건강한 신체.

허연許掾(許詢)은 산수를 유람하기 좋아했는데, 몸이 민첩하여 산을 오르는 데 수월했다. 당시 사람들이 말했다.

"허연은 명승지를 좋아하는 마음이 있을 뿐만 아니라 실제로 명승지를 잘 다닐 수 있는 체구를 갖고 있다."

> 許掾好遊山水, 而體便登陟. 時人云: "許非徒有勝情, 實有濟勝之具."

19. 현원 : Worthy Beauties

'현원賢媛'은 현숙賢淑한 여자를 뜻한다. 「현원」편은 덕행과 재지를 겸비한 부녀자들의 형상을 묘사하고 있는데, 여성에 대한 이러한 관심과 칭송은 『세설신어』의 또 다른 특색 가운데 하나이다. 여성에 대한 일반적인 찬미와는 달리 「현원」편에서는 여성 용모의 미추美醜에 중점을 두지 않고 여성의 덕행·재능·식견·풍모 등에 초점을 두고 있는데, 이러한 관점은 매우 타당하고 긍정적이라 할 수 있다.

「현원」편은 바로 이른바 명사의 표준에 의거하여 주로 위진대 여성들의 행적을 수집·기술한 것이다. 여기에 묘사된 여성들은 전통적인 삼종사덕三從四德을 지닌 여성의 형상과는 사뭇 달라, 남성들과 거의 평등한 지위에 서 있다. 이러한 기풍이 조성될 수 있었던 주요한 원인 가운데 하나는 한나라 말 이래로 나타난 사족士族계층 지식인의 사상해방을 들 수 있다.

□ 허윤의 부인이 남편을 꾸짖다[許允婦責夫]

허윤許允의 부인은 완위위阮衛尉[阮共]의 딸이자 완덕여阮德如[阮侃]의 여동생인데 몹시 추했다. 혼례를 끝냈는데도 허윤이 한사코 신방으로 들어가려 하지 않자 집안사람들이 매우 걱정했다. 마침 허윤에게 손님이 찾아오자, 부인이 하녀에게 보고 오라 했더니 하녀가 돌아와 대답했다.

"환랑桓郎(桓範)입니다."

그러자 부인이 말했다.

"걱정할 것 없다. 환랑이 틀림없이 서방님께 들어가라고 권할 것이다."

환범桓範이 과연 허윤에게 말했다.

"완씨 집에서 추녀를 그대에게 시집보낸 것에는 틀림없이 뜻이 있을 것이니, 그대는 마땅히 살펴보아야 할 것이네."

허윤은 곧장 돌아서서 내실로 들어갔으나 부인을 보고 나서는 당장 나오려고 했다. 부인은 그가 이번에 나가면 다시는 들어오지 않을 것이라고 생각하여, 곧바로 그의 옷자락을 붙잡아 멈춰 세웠다. 그러자 허윤이 말했다.

"부인에게는 네 가지 덕(婦德·婦言·婦容·婦功)이 있다는데 당신은 그 가운데 몇 가지나 갖추고 있소?"

부인이 말했다.

"소첩에게 부족한 것이라고는 용모뿐입니다. 그러나 선비에게는 백 가지 품행이 있다는데 당신은 몇 가지나 갖추고 있습니까?"

허윤이 말했다.

"모두 갖추었소."

부인이 말했다.

"대저 백 가지 품행은 덕을 첫째로 칩니다. 당신은 색色만 좋아하고 덕은 좋아하지 않는데 어찌 모두 갖추었다 하십니까?"

허윤은 부끄러운 기색을 띠었으며, 마침내 서로 존중하게 되었다.

> 許允婦, 是阮衛尉女, 德如妹, 奇醜. 交禮竟, 允無復入理, 家人深以爲憂. 會允有客至, 婦令婢視之, 還答曰: "是桓郞." 桓郞者, 桓範也. 婦云: "無憂. 桓必勸入." 桓果語許云: "阮家旣嫁醜女與卿, 故當有意, 卿宜察之." 許便回入內, 旣見婦, 卽欲出. 婦料其必此出, 無復入理, 便捉裾停之. 許因謂曰: "婦有四德, 卿有其幾?" 婦曰: "新婦所乏唯容爾. 然士有百行, 君有幾?" 許云: "皆備." 婦曰: "夫百行以德爲首. 君好色不好德, 何謂皆備?" 允有慚色, 遂相敬重.

□ 도간의 모친이 아들을 질책하다[陶侃母責子]

도공陶公[陶侃]이 젊었을 때 어량魚梁[강에 보를 쌓아 물고기를 잡는 곳]을 관리하는 관리로 있었는데, 한번은 젓갈 한 단지를 모친께 보내드렸다. 모친은 젓갈을 봉하여 심부름 온 사람에게 돌려주고 답신을 써서 도간陶侃을 질책하며 말했다.

"관리인 네가 관청의 물건을 보내온 것은 보탬이 되지 않을 뿐만 아니라 오히려 나의 근심을 더하게 만든다!"

> 陶公少時, 作魚梁吏, 嘗以坩鮓餉母. 母封鮓付使, 反書責侃曰: "汝爲吏, 以官物見餉, 非唯不益, 乃增吾憂也!"

□ 한백 모친의 오래된 안석[韓伯母古几]

한강백韓康伯[韓伯]의 모친이 망가진 낡은 안석에 기대어 있었는데, [외손자인] 변국卞鞠[卞範之]이 [할머니의] 안석이 볼품없는 것을 보고 그것을 바꾸어 주려고 했다. 그러자 [한강백의 모친이] 대답했다.

"내가 만약 이것에 기대고 있지 않는다면, 네가 어떻게 골동품을 볼 수 있겠느냐?"

韓康伯母隱古几毁壞, 卞鞠見几惡, 欲易之. 答曰: "我若不隱此, 汝何以得見古物?"

20. 술해: Technical Understanding

'술해術解'는 방술方術이나 술수術數 등에 정통하여 의문점을 잘 풀어낸다는 뜻이다. 「술해」편은 주로 음악·점복占卜·의약을 비롯하여 천문역수天文曆數·상택相宅·상마相馬 등에 관한 고사가 함께 실려 있는데, 이러한 방술이나 술수는 지금의 관점에서 보면 과학적인 것도 있고 다분히 미신적인 비과학적인 것도 있다. 당시에는 방술에 정통하는 것이 특수한 재능을 지니고 있는 것으로 간주되었다.

곽박郭璞·완함阮咸·왕제王濟·은호殷浩 등은 모두 현학가玄學家이자 이름난 명사였지만, 각각 점복·음악·상마·의약에도 뛰어났다. 심지어 지존至尊의 지위에 있던 진晉 명제明帝도 풍수風水에 일가견이 있었다. 「술해」편을 통하여 우리는 특별한 재능을 지녔던 위진 인사들의 뛰어난 통찰력과 탁월한 식견들을 엿볼 수 있다.

□ 진나라 명제가 묏자리를 점치다[晉明帝占冢宅]

진晉나라 명제明帝(司馬紹)는 묏자리를 점칠 줄 알았다. 명제는 곽박郭璞이 다른 사람을 위해 장지葬地를 봐주었다는 소문을 듣고 평복平服차림으로 찾아가 보았다. 명제가 주인에게 물었다.

"어찌하여 용의 뿔 자리에 매장하시오? 이런 매장법은 틀림없이 멸족의 화를 불러올 것이오!"

주인이 말했다.

"곽선생은 '이것은 용의 귀 자리에 매장한 것이므로 3년이 넘지 않아서 틀림없이 천자를 이르게 할 수 있을 것이오'라고 말했습니다."

명제가 물었다.

"천자가 나온다는 말이오?"

주인이 대답했다.

"천자가 나온다는 말이 아니라 천자의 방문을 받을 수 있다는 말입니다."

> 晉明帝解占冢宅. 聞郭璞爲人葬, 帝微服往看. 因問主人: "何以葬龍角? 此法當滅族!" 主人曰: "郭云: '此葬龍耳, 不出三年, 當致天子.'" 帝問: "爲是出天子邪?" 答曰: "非出天子, 能致天子問耳."

□ 은호가 경맥에 정통하다[殷浩妙解經脈]

은중군殷中軍(殷浩)은 경맥經脈*에 정통했는데, 중년에는 모두 그만 두었다. 은중군이 늘 부리던 하인이 갑자기 피를 흘릴 정도로 머리를 땅에 조아렸다. 은호가 그 까닭을 물었더니, 그가 말했다.

"죽게 될 일이 있으나 끝내 말씀드릴 수 없습니다."

은호가 한참 동안 캐물었더니, 그제야 그가 말했다.

"소인의 모친은 백 세 가까이 되었는데 오랫동안 병을 앓고 있습니다. 만약 주인어르신의 진맥을 한 번만 받을 수 있다면 곧 살아날 가망이 있을 것이오니, 〔그렇게만 된다면 일이〕끝나고 나서 죽임을 당하더라도 여한이 없겠습니다."

은호는 그의 지극한 마음에 감동하여 마침내 그의 모친을 메고 오게 하여 진맥을 하고 처방을 해 주었다. 그의 모친은 처음 탕약 한 제를 복용했더니 곧바로 병이 나았다. 이에 은호는 의약서를 모두 불태워버렸다.**

* 경락經絡과 혈맥血脈. 인체의 기氣와 혈血이 운행하는 통로. 여기서는 '진맥하여 병을 치료한다'는 뜻으로 쓰였다.
** 은호는 스스로 명문고관이라 자부하고 있었는데, 의약기술에 정통함으로 인해 하인으로부터 병을 치료해 달라는 부탁을 받아 허물이 되었기 때문에, 의약서를 불태워 버림으로써 자신이 의약기술을 끊었음을 보여준 것이다.

> 殷中軍妙解經脈, 中年都廢. 有常所給使, 忽叩頭流血. 浩問其故, 云: "有死事, 終不可說." 詰問良久, 乃云: "小人母年垂百歲, 抱疾來久. 若蒙官一脈, 便有活理, 訖就屠戮無恨." 浩感其至性, 遂令昇來, 爲診脈處方. 始服一劑湯, 便愈. 於是悉焚經方.

21. 교예: Skill and Art

'교예巧藝'는 여러 기예에 정묘精妙하다는 뜻이다. '예'는 옛날에는 6예六藝(禮·樂·射·御·書·數)를 지칭하는 말이었으나, 육조六朝 이후로는 주로 서예·회화·탄금彈琴·조각·건축을 비롯하여 바둑·말타기·활쏘기 등을 포함한 여러 방면의 예술활동을 지칭하게 되었는데, 이는 당시 귀족생활을 배경으로 박학다예博學多藝를 존중하던 시대사조와 밀접한 관련이 있었다.

여러 기예 가운데 회화는 특히 당나라 사람들의 중시를 받았다. 그 이유는 대체로 인물의 정신을 중시한 위진인들이 회화를 통해 비교적 직관적으로 인물의 정신을 표현할 수 있다고 생각했기 때문이다. 위진의 예술가들은 자신의 예술창작을 통해 인물의 정신을 표현해냈을 뿐만 아니라 이론상으로도 독특한 견해를 제시했다. 동진東晉의 대화가 고개지顧愷之가 바로 그 대표적인 인물이다. 그는 당시의 '득의망형得意忘形'이라는 중요한 철학명제의 영향을 받아 '이형사신以形寫神'이라는 창작원칙을 제기했으며, 이로 인해 '전신아도傳神阿堵'라는 고사를 낳게 되었다. 또한 그는 위진시대 청담의 배경하에서 자연미自然美로 인격미人格美를 비유하는 방법을 인물화에 응용하기도 했다.

「교예」편에 수록된 고사는 생동감이 넘칠 뿐만 아니라, 동시에 이를 통하여 그 속에 반영되어 있는 위진시대 예술사상의 깊이와 정묘함을 엿볼 수 있다.

□ 능운대의 누관[陵雲臺樓觀]

능운대陵雲臺의 누관樓觀은 정교하게 만들어졌는데, 먼저 여러 목재의 경중을 가늠한 연후에 건축했기 때문에 조금도 어긋남이 없었다. 능운대는 굉장히 높아서 항상 바람을 따라 흔들렸지만 결코 무너질 가능성이 없었다. 위魏나라 명제明帝[曹叡]가 능운대에 올랐을 때 그 형세가 위험함을 두려워하여 따로 큰 목재로 지지하게 했더니, 누관이 무너져 버렸다. 논자들은 경중의 힘이 한쪽으로 쏠렸기 때문이라고 말했다.

> 陵雲臺樓觀精巧, 先稱平衆木輕重, 然後造構, 乃無錙銖相負揭. 臺雖高峻, 常隨風搖動, 而終無傾倒之理. 魏明帝登臺, 懼其勢危, 別以大材扶持之, 樓卽頹壞. 論者謂輕重力偏故也.

□ 좌은과 수담[坐隱手談]

좌은坐隱 : 앉은 채로 은거隱居한다는 뜻. 또는 앉아서 나누는 은어隱語. 바둑의 별칭.

수담手談 : 손으로 나누는 청담淸談. 바둑의 별칭.

왕중랑王中郞[王坦之]은 바둑을 '좌은坐隱'이라 했으며, 지공支公[支遁]은 바둑을 '수담手談'이라 했다.

> 王中郞以圍棊是'坐隱', 支公以圍棊爲'手談'.

□ 정신을 전하여 진영眞影을 그려내다[傳神寫照]

전신사조傳神寫照 : 전신아도傳神阿堵. 전신傳神. 문학이나 예술작품의 인물묘사 등이 생생하다. 핍진逼眞하다. 진수眞髓를 전하다.

고장강顧長康[顧愷之]은 사람의 초상을 그리면서 간혹 몇 년 동안 눈동자를 찍지 않는 경우가 있었다. 사람들이 그 까닭을 물었더니, 고장강이 대답했다.

"자태의 미추美醜는 본래 그림의 오묘한 점과는 무관하니, 정신을 전하여 진영眞影을 그려내는 것은 바로 이것 속에 있지요."

顧長康畫人, 或數年不點目精. 人問其故, 顧曰: "四體姸蚩, 本無關於妙處, 傳神寫照, 正在阿堵中."

22. 총례 : Favors and Gifts

'총례寵禮'는 총애하고 예우한다는 뜻으로, 「총례」편은 천자나 권력자에게 총애와 예우를 받은 사람들에 관한 고사를 모아 놓은 것이다. 동진왕조는 사족집단의 지지를 받아 강남에서 건국했기 때문에, 황권은 나약한 반면에 사족세력은 강대했다. 또한 강북 사족이 대거 강남으로 이주함으로 인해, 본래 격렬한 투쟁을 벌이고 있던 사족집단 사이의 모순이 더욱 복잡해졌다.

이러한 강남의 정권이 안정되기 위해서는 반드시 사족 내부 각 집단 사이의 분쟁을 해소하고 권신權臣과 사대부들을 구슬릴 필요가 있었다. 따라서 통치자들은 자신의 세력을 강화하고 확장하기 위하여 널리 인재를 초빙하고 인심을 얻고자 했다. 그래서 '총애'와 '예우'라는 방법이 위진 통치자들의 통치수단 가운데 하나가 되었는데, 여기에는 표방할 만한 어떤 원칙이나 도리는 없었으며 단지 형국을 안정시키는 데 유리하면 곧 시행했던 것이다.

「총례」편에는 당시의 특수한 시대환경에서 비롯된 이러한 인간관계가 잘 드러나 있다.

□ 털보 참군, 땅딸보 주부[髥參軍 短主簿]

왕순王珣과 치초郗超는 모두 훌륭한 재능을 갖고 있어서 대사마大司馬[桓溫]의 중시를 받아 발탁되었다. 왕순은 주부主簿가 되었고 치초는 기실참군記室參軍이 되었는데, 치초는 수염이 많은 사람이었고 왕순은 모습이 왜소했다. 그래서 당시에 형주荊州 사람들이 그들을 두고 말했다.

"털보 참군, 땅딸보 주부. 공公을 기쁘게 할 수도 있고, 공을 화나게 할 수도 있다네."

> 王珣·郗超並有奇才, 爲大司馬所眷拔. 珣爲主簿, 超爲記室參軍. 超爲人多須, 珣狀短小. 于時荊州爲之語曰: "髥參軍, 短主簿. 能令公喜, 能令公怒."

□ 복도는 어디 있는가[伏滔何在]

효무제孝武帝[司馬曜]가 [황궁의] 서당西堂에서 조회를 열었을 때 복도伏滔도 그 자리에 참석해 있었다. 복도가 집으로 돌아와 수레에서 내리며 아들을 불러 말했다.

"많은 사람이 모인 성대한 모임에서 천자께서 어좌에 앉자마자 다른 말은 하지 않으시고 먼저 '복도는 어디 있는가? 여기 있는가?'라고 물으셨으니, 이것은 진실로 쉽게 얻을 수 있는 영광이 아니니라. 너의 부친 되는 사람이 이와 같으니 어떠하냐?"

> 孝武在西堂會, 伏滔預坐. 還, 下車呼其兒, 語之曰: "百人高會, 臨坐未得他語, 先問: '伏滔何在? 在此不?' 此故未易得. 爲人作父如此, 何如?"

23. 임탄: The Free and Unrestrained

'임탄任誕'은 제멋대로 방종한다는 뜻으로, 「임탄」편에는 위진 명사들의 탈예교적脫禮敎的인 다양한 고사가 수록되어 있다. 사마씨司馬氏는 조위曹魏정권 찬탈을 전후하여 "효로써 천하를 다스린다"는 미명하에 반대파 사족士族집단의 반항을 진압했는데, 일련의 명사들은 사마씨 정권의 그러한 허위적이고 잔인한 태도에 불만을 품고 은일隱逸을 모색하거나 '임탄'적인 언행을 통하여 그들의 저항의식을 표출했다. 혜강嵆康과 완적阮籍을 중심으로 한 죽림칠현竹林七賢이 바로 이러한 명사들의 대표적인 인물이었다.

'임탄'적인 기풍은 진나라 시대에 더욱 성행했는데, 이것은 당시 학술의 주류가 되었던 현학玄學과 밀접한 관계가 있다. 노장사상을 바탕으로 한 현학은 자연自然과 현리玄理를 숭상하여 정신상으로 외물外物에 구속받지 않고 자유로운 개성을 강조했으며, 이로 인해 자연스럽게 가식적인 예법과 명교名敎의 속박에서 벗어나고자 했다. 그밖에 문벌사족 집단의 격렬한 투쟁으로 인해 사대부들이 염세적인 정서를 갖게 된 것도 그 중요한 원인 가운데 하나였다. 당시 명사들은 현실의 정치투쟁에서 도피하여 고의적으로 예법과 정리情理에서 벗어난 일탈적인 행위를 함으로써 현실적인 가치를 부정했던 것이다.

'임탄'적인 행위는 술과 불가분의 관계에 있는데, 술은 바로 위진 풍도風度의 핵심이라 할 수 있다. 「임탄」편 전체 54조 가운데 술과 관계된 고사가 거의 30조에 이른다. 위진시대 명사들은 음주와 득도得道를 연계시켜, 술에 취함으로써 영욕과 생사를 초탈하고 정신을 정화할 수 있다고 생각했다. 또한 술에 취한다는 것은 험악한 정치상황에서 몸을 보전하고 화를 피하는 수단이 되기도 했다.

□ 하늘이 유령을 내실 적에 술로 이름나게 하셨다[天生劉伶 以酒爲名]

유령劉伶이 술병에 들어 갈증이 심해지자 부인에게 술을 구해 오라 했더니, 부인이 술을 버리고 술그릇을 깨면서 울며 간했다.

"당신은 너무 지나치게 마시는데, 이는 섭생攝生의 길이 아니니 반드시 끊으셔야 합니다!"

유령이 말했다.

"심히 좋소. 그러나 나는 스스로 술을 끊을 수 없으니 마땅히 신명神明에게 기도하여 끊겠다고 맹세하겠소. 속히 술과 고기를 차려오도록 하시오."

부인은 말했다.

"삼가 말씀대로 하겠습니다."

그리고는 신명 앞에 술과 고기를 차려놓고 유령에게 기도하며 맹세하기를 청했다. 유령은 무릎을 꿇고 기도하며 이렇게 말했다.

"하늘이 유령을 태어내실 적에 술로 이름나게 하셨으니, 한 번 마시면 10말이요 해장술로 5말이니, 부인의 말은 삼가 듣지 마소서!"

그리고는 곧장 술과 고기를 가져다가 곤드레만드레 취해버렸다.

※ 이주해정以酒解酲: 술로 숙취를 풀다. 언 발에 오줌을 누다.

> 劉伶病酒, 渴甚, 從婦求酒. 婦捐酒毀器, 涕泣諫曰: "君飲太過, 非攝生之道, 必宜斷之!" 伶曰: "甚善. 我不能自禁, 唯當祝鬼神, 自誓斷之耳. 便可具酒肉." 婦曰: "敬聞命." 供酒肉於神前, 請伶祝誓. 伶跪而祝曰: "天生劉伶, 以酒爲名, 一飲一斛, 五斗解酲, 婦人之言, 愼不可聽!" 便引酒進肉, 隗然已醉矣.

□ 어찌하여 나의 속옷 안으로 들어왔소[何爲入我褌中]

유령劉伶은 항상 맘껏 술을 마시고 분방하게 행동했는데, 간혹 옷을 벗고 나체로 집안에 있곤 했다. 사람들이 그것을 보고 비난하자, 유령이 말했다.

"나는 천지를 거처로 삼고 집을 속옷으로 삼고 있는데, 제군들은 어찌하여 나의 속옷 안으로 들어왔소?"

> 劉伶恒縱酒放達, 或脫衣裸形在屋中. 人見譏之, 伶曰: "我以天地爲棟宇, 屋室爲褌衣, 諸君何爲入我褌中?"

□ 죽은 뒤의 명성은 지금의 한 잔 술만 못하다 身後名不如卽時一杯酒

장계응張季鷹(張翰)은 제멋대로 행동하고 예법에 구속받지 않았으므로, 당시 사람들이 그를 강동江東의 보병步兵(阮籍)이라 불렀다. 어떤 사람이 그에게 말했다.

"당신은 바야흐로 한 세상을 제멋대로 즐기고 있는데, 어찌 죽은 뒤의 명성은 생각지 않소?"

그러자 장계응이 대답했다.

"나에게 죽은 뒤의 명성이 있다 해도 바로 지금의 한 잔 술만 못하지요!"

> 張季鷹縱任不拘, 時人號爲江東步兵. 或謂之曰: "卿乃可縱適一時, 獨不爲身後名邪?" 答曰: "使我有身後名, 不如卽時一桮酒!"

□ 삼일복야 三日僕射

술만 마시고 직무를 돌보지 않는 재상.

주백인周伯仁(周顗)*은 품덕이 아정하고 중후했으며, 위험하고 어지러운 시국을 깊이 통찰하고 있었다. 강남으로 건너온 뒤로는 다년간 늘 진탕 술을 마셨는데, 한번은 사흘 동안 깨어나지 못한 적도 있었다. 그래서 당시 사람들이 그를 '삼일복야三日僕射'라고 불렀다.

＊ 주의周顗는 일찍이 상서좌복야尙書左僕射를 지냈는데, 복야는 재상에 해당한다.

> 周伯仁風德雅重, 深達危亂. 過江積年, 恒大飮酒, 嘗經三日不醒. 時人謂之'三日僕射'.

□ 어찌 하루라도 이 분이 없을 수 있겠소[何可一日無此君]
　차군此君: 대나무를 고상하게 부르는 말.

　왕자유王子猷[王徽之]가 한번은 남의 빈집에 잠시 기거한 적이 있었는데, 곧장 대나무를 심게 했다. 어떤 사람이 물었다.
　"잠시 머물면서 어찌하여 이렇게 번거롭게 하시오?"
　왕자유는 한참 동안 휘파람을 불더니 대나무를 똑바로 가리키며 말했다.
　"어찌 하루라도 이 분이 없을 수 있겠소?"

> 王子猷嘗暫寄人空宅住, 便令種竹. 或問: "暫住何煩爾?" 王嘯詠良久, 直指竹曰: "何可一日無此君?"

□ 흥이 올라서 갔다가 흥이 다해 돌아오다[乘興而行 興盡而返]
　승흥이행 흥진이반乘興而行 興盡而返 : 승흥이래 패흥이귀乘興而來 敗興而歸. 신이 나서 왔다가 흥이 깨져 돌아가다.

　왕자유王子猷[王徽之]가 산음현山陰縣에서 거주하고 있을 때 밤에 큰눈이 내렸다. 잠에서 깨어나 방문을 열고 술을 가져오라 했는데 사방이 온통 은빛이었다. 그래서 일어나 배회하면서 좌사左思의 「초은시招隱詩」를 읊조리다가 갑자기 대안도戴安道[戴逵] 생각이 났다. 당시 대안도는 섬현剡縣에 있었기 때문에 왕자유는 곧장 그밤으로 작은 배를 타고 그를 찾아나섰다. 하룻밤을 지나서 비로소 도착했는데, 대문까지 갔다가 들어가지 않은 채 돌아갔다. 어떤 사람이 그 까닭을 물었더니, 왕자유가 말했다.
　"나는 본래 흥이 올라서 갔다가 흥이 다해서 돌아온 것이니,

어찌 반드시 대안도를 만나야만 하리오!"

> 王子猷居山陰, 夜大雪, 眠覺, 開室, 命酌酒, 四望皎然. 因起彷徨, 詠左思「招隱詩」, 忽憶戴安道. 時戴在剡, 卽便夜乘小船就之. 經宿方至, 造門不前而返. 人問其故, 王曰: "吾本乘興而行, 興盡而返, 何必見戴!"

24. 간오: Rudeness and Contempt

'간오簡傲'는 남을 경멸하고 스스로 오만하다는 뜻이다. 위진 정권교체 시기에 혜강嵇康 등의 사인士人들은 사마씨司馬氏와 그 추종자들을 멸시하면서 그들에 대해 공공연하게 오만불손한 태도를 취했는데, 사마씨 정권은 사인들의 마음을 달래기 위하여 잠시 그러한 행위를 용인해 주었다. 그 뒤 세상을 깔보고 제멋대로 행동하는 것을 청고淸高하다고 여기는 위진의 기풍이 점점 형성되었으며, 오만하고 불경스런 행위가 더욱 성행했다.

문인학사들은 노장현학을 숭상하고 방달放達한 기풍을 흠모하여 예법을 무시했으며, 귀족자제들은 우월한 가문을 배경삼아 남을 능멸했으며, 관직에 있는 관리는 범속함을 초탈한다고 표방하면서 직무를 돌보지 않았다. 이러한 기풍이 만연해지자 시류에 편승하여 '청고'함을 자처하며 추태를 일삼는 자들도 생겨났다. 그러나 '간오'한 행위는 대부분의 사인들에게 용납되고 심지어 존경까지 받았는데, 환온桓溫·환충桓沖·사안謝安과 같은 당시의 내로라하는 권문귀족이나 대명사大名士들까지도 모두 그러한 행위를 이해하고 이상하게 여기지 않았다. 따라서 「간오」편을 통하여 당시를 풍미했던 '간오'한 기풍의 다양한 양태와 그것에 대한 당시인의 인식을 잘 살펴볼 수 있다.

□ 무얼 듣고 왔다가 무얼 보고 가시는가[何所聞而來 何所見而去]

종사계鍾士季[鍾會]는 재성才性이론에 정통했지만, 이전부터 혜강嵇康과는 면식이 없었다. 그래서 종사계는 당시 명현준재名賢俊才들을 초청하여 함께 혜강을 찾아갔다. 혜강은 큰 나무 아래에서 한창 쇠를 불리고 있었고, 상자기向子期[向秀]는 조수로서 풀무질을 하고 있었다. 혜강은 망치를 들고서 쉬지 않고 두드렸는데, 마치 옆에 아무도 없는 것처럼 한참 동안 한마디 말도 건네지 않았다. 종사계가 일어나 가려고 하자, 혜강이 말했다.
"무얼 듣고 왔다가 무얼 보고 가시는가?"
종사계가 말했다.
"들을 걸 듣고 왔다가 볼 걸 보고 가지요."

> 鍾士季精有才理, 先不識嵇康. 鍾要于時賢儁之士, 俱往尋康. 康方大樹下鍛, 向子期爲佐鼓排. 康揚槌不輟, 傍若無人, 移時不交一言. 鍾起去, 康曰: "何所聞而來, 何所見而去?" 鍾曰: "聞所聞而來, 見所見而去."

□ 살아 있는 것도 아직 알지 못하는데 어떻게 죽은 것을 알겠습니까[未知生 焉知死]

왕자유王子猷[王徽之]가 환거기桓車騎[桓沖]의 기병참군騎兵參軍이 되었는데, 환거기가 물었다.

"그대는 어느 부서에 있는가?"

왕자유가 대답했다.

"어느 부서인지는 모르지만 때때로 말을 끌고 오는 것이 보이니, 아마도 마조馬曹*인 것 같습니다."

환거기가 다시 물었다.

"관서에 몇 마리의 말이 있는가?"

왕자유가 대답했다.

"〔공자님도〕말에 대해서는 묻지 않았으니,** 어떻게 그 수를 알겠습니까?"

환거기가 다시 물었다.

"말이 근자에 몇 마리나 죽었는가?"

왕자유가 대답했다.

"살아 있는 것도 아직 알지 못하는데 어떻게 죽은 것을 알겠습니까?"***

* 당시에 '기조騎曹'는 있었지만 '마조馬曹'는 없었다. 왕휘지王徽之는 자기가 맡은 부서의 명칭조차도 모를 정도로 직무에 무관심했음을 알 수 있다.

** 『논어論語』 「향당鄕黨」편에 "마구간이 불에 탔는데, 공자께서 퇴조退朝하여 물으시길 '사람이 다쳤느냐?'라고 하시고, 말에 대해서는 묻지 않으셨다"는 기록이 있다.

*** 『논어』 「선진先進」편에 "자로子路가 죽음에 대해 물었더니, 공자께서 말씀하시길 '삶도 아직 알지 못하는데 어떻게 죽음을 알겠느냐?'라고 하셨다"는 기록이 있다.

王子猷作桓車騎騎兵參軍, 桓問曰: "卿何署?" 答曰: "不知何署, 時見牽馬來, 似是馬曹." 桓又問: "官有幾馬?" 答曰: "'不問馬', 何由知其數?" 又問:

"馬比死多少?" 答曰: "未知生, 焉知死?"

25. 배조: Taunting and Teasing

'배조排調'는 일반적으로 친구 사이의 선의의 희학戲謔과 조소嘲笑를 말한다. 위진 사람들은 재성才性을 중시하여, 심각하게 현리玄理를 담론할 때뿐만 아니라 서로 조롱하고 조소할 때에도 인물의 재능・학식・재치・유머 등을 늘 드러내곤 했다.

「배조」편에 수록된 고사 가운데 어떤 것들은 경전의 명구나 역사적 전고를 자유자재로 활용하여 재기가 넘치고, 어떤 것들은 고도의 언어기교를 운용하여 기민한 예지叡智로 탄성을 자아내게 하며, 어떤 것들은 풍부한 철리哲理를 담고 있어서 깊이 음미할 만하고, 어떤 것들은 풍부한 문학적 의미를 함축하고 있기도 하다. 이러한 고사들은 겉으로 보기에는 조소하고 있는 것 같지만, 실제로는 지혜・재학才學・기지・사변력・철리 등을 겨루고 있어서 읽을수록 흥미를 느끼게 한다.

□ 속물이 와서 사람 기분을 잡치는군[俗物來敗人意]

혜강嵇康・완적阮籍・산도山濤・유령劉伶이 죽림에서 한창 술을 즐기고 있을 때, 왕융王戎이 나중에 도착했더니, 완보병阮步兵

〔阮籍〕이 말했다.

"결국 속물이 와서 사람 기분을 잡치는군!"

그러자 왕융이 웃으며 말했다.

"당신 같은 사람들의 기분도 잡쳐질 수 있소?"

> 嵇·阮·山·劉在竹林酣飮, 王戎後往, 步兵曰: "俗物已復來敗人意!"「1」王笑曰: "卿輩意亦復可敗邪?"

□ 돌로 양치하고 냇물로 베개삼는다[漱石枕流]

수석침류漱石枕流: 침류수석枕流漱石. 고상한 생활을 하다. 또는 지지 않으려고 억지를 부리다.

손자형孫子荊[孫楚]이 젊었을 때 은거하고 싶었는데, 왕무자王武子[王濟]에게 당연히 "돌로 베개 삼고 냇물로 양치한다[枕石漱流]"라고 말해야 할 것을 "돌로 양치하고 냇물로 베개 삼는다"라고 잘못 말했다. 왕무자가 말했다.

"냇물로 베개 삼을 수 있고 돌로 양치할 수 있소?"

그러자 손자형이 말했다.

"냇물로 베개 삼는 것은 귀를 씻고자 함이고, 돌로 양치하는 것은 치아를 갈고자 함이지요."

* 침석수류枕石漱流: 은거생활을 하다.

> 孫子荊年少時欲隱, 語王武子當'枕石漱流', 誤曰'漱石枕流'. 王曰: "流可枕, 石可漱乎?" 孫曰: "所以枕流, 欲洗其耳. 所以漱石, 欲礪其齒."

□ 뱃속의 책을 말리다[曬書]

쇄서曬書: 폭서曝書. 학문을 터득하여 뱃속에 넣어두다. 학문을 자랑하다.

학륭郝隆이 7월 7일에 햇볕으로 나가 드러누워 있었는데* 어떤 사람이 그 까닭을 물었더니 이렇게 대답했다.

"나는 〔지금 뱃속에 들어 있는〕 책을 말리고 있소."

* 음력 7월 7일에는 책이나 옷을 햇볕에 내다 말려서 부패와 해충을 방지하는 풍습이 있었다.

郝隆七月七日, 出日中仰臥, 人問其故, 答曰: "我曬書."

□ 까부르고 날리며 씻어내고 골라내다[簸揚洮汰]

왕문도王文度〔王坦之〕와 범영기范榮期〔范啓〕가 함께 간문제簡文帝〔司馬昱〕의 초청을 받았는데, 범영기는 나이는 많지만 지위가 낮았고 왕문도는 나이는 적었지만 지위가 높았다. 앞으로 나아가려 할 때 서로 앞서라고 양보하다가 한참 〔실랑이를 벌인〕 뒤에 왕문도가 결국 범영기의 뒤에 있게 되었다. 그래서 왕문도가 말했다.

"까부르고 날리고 나니 겨와 쭉정이만 앞에 있네요."

그러자 범영기가 말했다.

"씻어내고 골라내고 나니 모래와 조약돌만 뒤에 있네요."

王文度·范榮期俱爲簡文所要, 范年大而位小, 王年小而位大. 將前, 更相推在前, 旣移久, 王遂在范後. 王因謂曰: "簸之揚之, 糠秕在前." 范曰: "洮之汰之, 沙礫在後."

□ 점점 멋진 경지에 이르다[漸至佳境]

점지가경漸至佳境 : 점입가경漸入佳境. 점점 좋은 경지로 들어가다. 상황이 점점 호전되다.

고장강顧長康(顧愷之)은 사탕수수를 먹을 때 끝 부분부터 먼저 먹었다. 어떤 사람이 그 이유를 물었더니, 고장강이 대답했다.
"점점 멋진 경지에 이르기 때문이지요."

顧長康噉甘蔗, 先食尾. 問所以, 云: "漸至佳境."

26. 경저 : Contempt and Insults

'경저輕詆'는 경멸하고 헐뜯는다는 뜻이다. 「경저」편에 수록된 고사는 대부분 동진 명사들이 서로를 경시하고 비난하는 내용인데, 주로 상대방의 결점이나 약점을 잡아서 그 급소를 찌르곤 한다. 그러나 그 '경저'의 언사는 대부분 재기才氣가 뛰어난 명사들로부터 나온 것이어서, 근거없이 상대방을 비방하고 욕하는 것과는 달리, 때때로 함축적인 의미를 담고 있으며 기지와 재미가 넘치기도 한다.

「경저」편의 고사들은 아무런 꾸밈없이 자신의 생각을 솔직하게 드러내고 있기 때문에 위진시대 사람들의 자연스럽고 진솔한 정신 풍모가 잘 나타나 있다.

□ 무염을 곱게 그려서 서자를 범하다[刻畵無鹽 唐突西子]
  각화무염刻畵無鹽 : 인용이나 비유가 적절하지 않다. 서로 비교가 되지 않는다. 사실과 거리가 멀다. 실제와 차이가 심하다.

당돌서자唐突西子 : 당돌서시唐突西施. 서시의 기분을 상하게 하다. 추악한 것을 치켜세우고 아름다운 것을 깎아내리다.

유원규庾元規〔庾亮〕가 주백인周伯仁〔周顗〕에게 말했다.
"사람들이 모두 당신을 악씨樂氏에 견주더군요."
주백인이 말했다.
"어떤 악씨요? 악의樂毅〔전국시대 燕나라의 名將〕 말입니까?"
유원규가 말했다.
"그 사람이 아니고 악령樂令〔樂廣〕이랍니다."
그러자 주백인이 말했다.
"어찌하여 무염無鹽〔齊나라 무염의 추녀 鍾離春〕을 곱게 그려서 서자西子〔춘추시대 越나라 미인 西施〕를 범하려 하는가?"

<blockquote>庾元規語周伯仁: "諸人皆以君方樂." 周曰: "何樂? 謂樂毅邪?" 庾曰: "不爾, 樂令耳." 周曰: "何乃刻畫無鹽, 以唐突西子也?"</blockquote>

□ 목이 흰 까마귀 한 무리[一羣白頸烏]

지도림支道林〔支遁〕이 동쪽〔會稽〕으로 들어가서 왕자유王子猷〔王徽之〕 형제를 만나보고 돌아왔는데, 어떤 사람이 물었다.
"여러 왕씨들을 만나보니 어떻습니까?"
그러자 지도림이 대답했다.
"보이는 건 목이 흰 까마귀 한 무리*였고, 들리는 건 '까악! 까악!' 하고 지르는 소리**뿐이었소."

* 왕휘지王徽之의 7형제들이 흰 옷깃이 달린 옷을 즐겨입은 것을 비꼰 것이다.

※※ 왕희지 형제들이 말할 때 오어吳語를 즐겨 사용한 것을 비꼰 것이다.
支道林入東, 見王子猷兄弟, 還, 人問: "見諸王何如?" 答曰: "見一羣白頸烏, 但聞喚啞啞聲."

27. 가휼: Guile and Chicanery

'가휼假譎'은 거짓말하고 속인다는 뜻이다. 지금의 입장에서 본다면 '가휼'의 행위는 당연히 폄하貶下의 대상이지만, 『세설신어』에 있어서는 그 함의가 결코 그렇게 단순하지만은 않다. 인물의 재지才智를 놓고 본다면, '가휼'은 '첩오捷悟'·'숙혜夙惠'와 공통된 점이 있는데, 그것은 모두 남보다 뛰어난 총명한 지혜와 민첩한 임기응변 능력을 보여주고 있기 때문이다.

「가휼」편 가운데 일부 고사는 사기적인 행위에서 벗어나지 못하지만, 작자는 또한 좋게 여기는 태도를 취하기도 했다. 예를 들어 유명한 '망매지갈望梅止渴' 고사는 조조曹操의 지혜와 모략을 보여주고 '옥경대빙혼玉鏡臺聘婚' 고사는 온교溫嶠의 해학과 다정다감함을 보여준 것으로, 지금도 널리 알려져 있는 가화佳話이다. 이러한 측면에서 본다면 '가휼'은 결코 폄하의 뜻만은 아니다. 따라서 본편은 위진 사람들의 복잡하고 다양한 성격 가운데 일면을 진실하게 보여주고 있다 하겠다.

□ 매실을 생각하며 갈증을 풀다[望梅止渴]
　망매지갈望梅止渴 : 실현할 수 없는 소망을 환상에 의지하여 잠시 자위하다.

　위나라 무제武帝[曹操]가 행군하다가 물 긷는 곳으로 가는 길을 잃어 버려 군사들이 모두 목말라 하자, 영을 내려 말했다.
　"앞에 큰 매실 숲이 있는데, 달고 신 열매가 많으므로 갈증을 해소할 수 있다."
　병사들은 그 말을 듣자 입에서 모두 침이 고였다. 무제는 그 기회를 타고서 앞의 수원水源에 도달할 수 있었다.

　　魏武行役, 失汲道, 軍皆渴, 乃令曰: "前有大梅林, 饒子甘酸, 可以解渴." 士卒聞之, 口皆水出. 乘此得及前源.

□ 옥경대를 예물로 삼아 혼인하다[玉鏡臺聘婚]
　옥경대빙혼玉鏡臺聘婚 : 선의善意로 상대방을 속이고 혼인하다.

　온공溫公[溫嶠]은 상처喪妻했다. 온공의 당고모堂姑母 유씨劉氏는 전란을 만나 가족이 흩어져버리고 오직 딸 하나만 있었는데, 그 딸은 매우 아름답고 총명했다. 당고모가 온공에게 혼처를 찾아달라고 부탁했더니, 온공은 은밀히 자신이 결혼하고 싶은 마음이 있어서 대답했다.
　"훌륭한 사윗감은 구하기 어렵지만 저와 같은 정도라면 어떻습니까?"
　당고모가 말했다.
　"전란으로 가족을 잃은 나머지 겨우 목숨만 부지하고 있는 처지이니, 나의 여생을 위로받을 수만 있으면 됐지 어찌 감히 너와 같은 이를 바라겠느냐?"

며칠 지난 뒤에 온공이 당고모에게 알렸다.

"이미 혼처를 찾았습니다. 문벌도 대강 괜찮은 편이고 사윗감의 명성과 관직도 모두 저에 못지않습니다."

그러면서 옥경대玉鏡臺 하나를 예물로 내놓았더니, 당고모가 크게 기뻐했다. 이윽고 혼인하게 되어 배례拜禮를 나눈 뒤에 신부가 손으로 비단부채를 제치더니 크게 웃으며 말했다.

"나는 본래 늙다리 당신일 것이라고 짐작했는데 과연 예상했던 대로군요!"

옥경대는 온공이 유월석劉越石〔劉琨〕의 장사長史가 되어 유총劉聰을 북벌했을 때 얻은 것이었다.

> 溫公喪婦. 從姑劉氏, 家値亂離散, 唯有一女, 甚有姿慧. 姑以屬公覓婚, 公密有自婚意, 答云: "佳壻難得, 但如嶠比云何?" 姑云: "喪敗之餘, 乞粗存活, 便足慰吾餘年, 何敢希汝比?" 卻數日, 公報姑云: "已覓得婚處. 門地粗可, 壻身名宦, 盡不減嶠." 因下玉鏡臺一枚, 姑大喜. 旣婚, 交禮, 女以手披紗扇, 大笑曰: "我固疑是老奴, 果如所卜!" 玉鏡臺是公爲劉越石長史, 北征劉聰所得.

28. 출면黜免 : Dismissal from Office

'출면黜免'은 관리를 파관罷官하고 면직免職한다는 뜻이다. 관직의 임면任免과 승강昇降은 어느 시대나 늘 있는 일이다. 그러나 정치와 사회가 불안한 시대에는 그 양상이 종종 복잡미묘하고 심지어는 흑막 속의 음험함까지 보인다.

위진 교체시기에는 각 정치집단 사이에 알력이 심해지고 투쟁이 격렬했기 때문에, 그 와중에서 사인士人들은 그야말로 '세로간난世路艱難'을 절감했다. 동진시기에는 조정이 나약하고 황권皇權이 추락한 탓에 관리사회의 부침이 심하여 목숨조차 부지하기 힘든 상황이었다.

「출면」편에 수록된 고사는 대부분 냉엄한 정치적 배경이 깔려 있으며, 권문귀족들의 정당한 다툼과 암투 및 '출면'당한 관리들의 불평불만 등이 생동감있게 그려져 있다.

이러한 고사들은 위로는 제왕·명신名臣·귀척貴戚으로부터 아래로는 말단 하급관리에 이르기까지 위진 여러 부류 인물들의 운명과 정신상태에 관한 또 다른 측면을 잘 보여주고 있다.

□ 창자가 마디마디 끊어지다[肝腸寸斷]

간장촌단肝腸寸斷 : 단장斷腸. 가슴이 찢어지듯 슬프다.

환공桓公[桓溫]이 촉蜀나라로 공격해 들어가 삼협三峽에 이르렀을 때, 부대 안에서 원숭이 새끼를 잡은 자가 있었다. 그 어미가 강 언덕을 따라가며 슬피 울면서 백여 리를 가도록 떠나지 않다가, 마침내 배 위로 뛰어오르더니 그 자리에서 죽었다. 그 뱃속을 가르고 보았더니 창자가 모두 마디마디 끊어져 있었다. 환공은 그 얘기를 듣고 격노하여 그 사람을 파면하라고 명했다.

桓公入蜀, 至三峽中, 部伍中有得猨子者. 其母緣岸哀號, 行百餘里不去, 遂跳上船, 至便卽絶. 破視其腹中, 腸皆寸寸斷. 公聞之怒, 命黜其人.

□ 정말 괴이한 일이야[咄咄怪事]

돌돌괴사[咄咄怪事] : 대단히 괴이한 일. 전혀 뜻밖의 일.

은중군殷中軍[殷浩]은 [북정北征에 실패하여 서인庶人으로] 폐출廢黜당하고 신안현信安縣에 있을 때, 온종일 허공에다 무슨 글자를 썼다. 양주揚州의 관리와 주민들이 그의 옛 은의恩義를 잊지 못하여 그를 따라왔었는데, 가만히 살펴보았더니 은중군은 오직 '돌돌괴사[咄咄怪事]'라는 네 글자만 쓰고 있었다.

殷中軍被廢, 在信安, 終日恒書空作字. 揚州吏民尋義逐之, 竊視, 唯作'咄咄怪事'四字而已.

29. 검색 : Stinginess and Meanness

'검색儉嗇'은 절검節儉과 인색吝嗇이라는 두 가지 의미를 포함하고 있다. 절검은 당연히 칭송할 만한 미덕으로 간주된다. 그러나 절검이 지나쳐 인색함에 빠진다거나 더 나아가 비루鄙陋할 정도의 탐욕으로 극단화된다면 지탄의 대상이 된다. 그 대표적인 인물이 죽림칠현竹林七賢 가운데 한 사람인 왕융王戎이다. 그는 쩨쩨하고 좀스러우며 치사하고 인정미없는 인색함의 단적인 면모를 여실히 보여주고 있다.

「검색」편에서는 특정한 물건에 대한 당시 명사들의 성향을 통하여 인성人性의 서로 다른 차이를 잘 살펴볼 수 있다.

□ 항상 그 씨에 구멍을 뚫다[恒鑽其核]
　찬핵鑽核 : 몹시 인색하다.

　왕융王戎은 좋은 자두나무를 가지고 있었는데, 그것을 팔 때 남이 그 종자를 얻을까 보아 걱정하여 항상 그 씨에 구멍을 뚫어놓았다.

　　王戎有好李, 賣之, 恐人得其種, 恒鑽其核.

□ 부추를 먹고 뿌리를 남겨두다[噉薤留白]
　담해류백噉薤留白 : 몹시 근검하다.

　소준蘇峻이 난을 일으켰을 때, 유태위庾太尉〔庾亮〕가 남쪽으로 도망가서 도공陶公〔陶侃〕을 만났는데, 도공은 평소 유태위를 존중하였다. 도공은 천성이 인색하였다. 식사를 하며 부추를 먹다가 유태위가 부추의 흰 부분(뿌리 부분)을 남겨놓자, 도공이 물었다.
　"그것으로 무얼 하시려오?"
　유태위가 말했다.
　"물론 심으려고 합니다."
　그래서 도공은 유태위가 풍류뿐만 아니라 일을 처리하는 실제능력도 겸비하고 있음에 크게 감탄했다.

蘇峻之亂, 庾太尉南奔見陶公, 陶公雅相賞重. 陶性儉吝. 及食𪗋薤, 庾因留白, 陶問: "用此何爲?" 庾云: "故可種." 於是大歎庾非唯風流, 兼有治實.

30. 태치 : Extravagance and Ostentation

'태치汰侈'는 지나치게 사치한다는 뜻이다. 「태치」편에 수록된 고사의 시대배경은 거의 대부분 서진西晉시기이다. 서진의 개국 군주인 무제武帝 사마염司馬炎은 과도하게 재리財利를 탐하고 사치를 부리던 인물이었다. 그래서 신하와 관료귀족들도 재물을 모으고 사치에 열중함에 따라, '태치'를 숭상하는 사회기풍이 자연스레 조성되었다. 일부 권문귀족 가운데는 제왕에 비견할 정도의 부를 축적한 자도 있었다. 그 한 예로『진서晉書』의 기록을 보면, 하증何曾은 "하루 식사비용으로 만 전을 쓰면서도 젓가락 댈 곳이 없다"라고 말했으며, 그의 아들 하소何劭는 "식사할 때 반드시 천하의 산해진미를 다 갖추었으며 하루 식사비용을 2만 전으로 제한할 정도였다." 이처럼 당시의 귀족들은 그 사치가 극에 달해 있었다.

「검색」편에서는 재물을 목숨처럼 여겨 지나치게 인색한 행태를 묘사한 반면, 「태치」편에서는 재물을 긁어모아 무절제하게 사치하는 행태를 묘사하여, 당시 귀족생활 기풍의 양극단을 여실히 보여주고 있다.

□ 석숭 집의 화장실[石崇廁]

석숭石崇 집의 화장실엔 항상 10여 명의 시녀가 시중들며 늘어서 있었는데, 모두 화려한 옷을 입고 곱게 화장을 했으며 갑전분甲煎粉[입술연지와 비슷한 芳香 화장품의 일종]과 침향수沈香水[沈香木을 우려내서 만든 향수] 등등을 놓아두어 갖추지 않은 것이 없었다. 또한 새 옷을 주어 갈아입고 나오도록 했는데, 손님들 대부분은 옷 벗는 것을 부끄러워하여 화장실을 가지 못했다. 그러나 왕대장군王大將軍[王敦]은 화장실로 가서 입고 있던 옷을 벗고 새 옷으로 갈아입으면서도 기색이 오만했다. [그 모습을 보고] 여러 시녀들이 서로 말했다.

"이 손님은 틀림없이 모반을 일으킬 것이다!"

<small>石崇廁常有十餘婢侍列, 皆麗服藻飾, 置甲煎粉・沈香汁之屬, 無不畢備. 又與新衣著令出, 客多羞不能如廁. 王大將軍往, 脫故衣, 著新衣, 神色傲然. 群婢相謂曰: "此客必能作賊!"</small>

□ 사람 젖을 먹인 새끼돼지[人乳飮㹠]

무제武帝[司馬炎]가 한번은 왕무자王武子[王濟]의 집으로 행차했더니 왕무자가 술과 음식을 대접했는데, 모두 유리그릇을 사용했으며 시녀 백여 명이 모두 화려한 비단치마와 저고리를 입고서 두 손으로 음식을 받쳐들었다. 음식 가운데 찐 새끼돼지고기가 통통하고 맛이 좋았는데 보통의 맛과는 달랐다. 그래서 무제가 이상히 여겨 물었더니, 왕무자가 대답했다.

"사람의 젖을 새끼돼지에게 먹였습니다."

이 말을 듣자 무제는 매우 불쾌하여 식사가 끝나기도 전에 그냥 가버렸다. 이것은 〔부유하기로 소문난〕 왕개王愷나 석숭石崇도 미처 알지 못했던 일이었다.

> 武帝嘗降王武子家, 武子供饌, 並用瑠璃器, 婢子百餘人, 皆綾羅綺紈羅, 以手擎飲食. 烝㹠肥美, 異於常味. 帝怪而問之, 答曰: "以人乳飲㹠." 帝甚不平, 食未畢, 便去. 王·石所未知作.

31. 분견: Anger and Irascibility

'분견忿狷'은 분노하고 성급하다는 뜻이다. 위진 사람이 조급하고 쉽게 화를 내는 특성은 대개 불안정한 심리상태를 보여주는 것인데, 그 원인은 다소 복잡하다. 사회의 동탕動蕩, 세상살이의 험난함, 관계官界의 부침浮沈 등으로 인해 조성된 우환의식憂患意識을 사람들은 드러내놓고 말하지 못한 채 마음속에 쌓아두고 있었는데, 그러한 고통이 종종 어떤 계기를 통해 '분견'의 형태로 발설되곤 했다. 또한 통치집단 내부의 복잡하게 얽힌 모순과 사대부들 사이의 이해관계 역시 '분견'의 한 원인이 되었다.

노신은 그의 「위진 풍격과 문장 및 약과 술의 관계」라는 글에서 위진 사람의 성격이 좋지 못했던 원인은 그들이 복용하던 오석산五石散이라는 일종의 마약의 약성藥性 때문이라고 지적한 바 있다.

「분견」편에 수록된 고사는 개인적인 특정한 성격특성을 통해서 당시의 사회심리를 엿볼 수 있는 좋은 자료이다.

□ 왕람전이 계란을 먹다[王藍田食鷄子]

왕람전王藍田(王述)은 성격이 급했다. 한번은 삶은 계란을 먹었는데, 젓가락으로 찔렀으나 찔러지지 않자 버럭 화를 내며 집어 들어서 땅에 던져버렸다. 계란이 땅에서 떼굴떼굴 굴러가며 멈추지 않자, 땅으로 내려가서 나막신의 굽으로 밟았으나 또 밟히지 않았다.

왕람전은 너무 화가 나서 다시 땅에서 계란을 주워 입속에 집어넣고 꽉 깨물어 부순 뒤에 뱉어냈다. 왕우군王右軍(王羲之)이 그 얘기를 듣고 크게 웃으며 말했다.

"설사 [그의 부친인] 왕안기王安期(王承)에게 그런 성격이 있다 하더라도 당연히 털끝만큼도 언급할 게 없을 텐데, 하물며 왕람전임에랴!"

> 王藍田性急. 嘗食鷄子, 以筯刺之不得, 便大怒, 擧以擲地. 鷄子於地圓轉未止, 仍下地以屐齒蹍之, 又不得. 瞋甚, 復於地取內口中, 齧破卽吐之. 王右軍聞而大笑曰: "使安期有此性, 猶當無一豪可論, 況藍田邪!"

□ 환남군이 거위를 죽이다[桓南郡殺鵝]

환남군桓南郡(桓玄)은 어린아이였을 때, 여러 사촌형제들과 함께 각자 거위를 키워서 서로 싸움을 했다. 환남군은 자신의 거위가 늘 다른 사람들 것만 못했으므로 몹시 분해 했다. 그래서 밤에 거위 우리 안으로 들어가서 사촌형제들의 거위를 잡아 모두 죽여 버렸다.

날이 밝은 뒤에 집안사람들이 모두 깜짝 놀라서 변괴變怪라고 말하면서 환거기桓車騎[桓沖]에게 아뢰었더니, 환거기가 말하였다.

"괴이하게 여길 것 없다. 틀림없이 남군의 장난일 것이다!"
물어보았더니 과연 그러했다.

> 桓南郡小兒時, 與諸從兄弟各養鵝共鬪. 南郡鵝每不如, 甚以爲忿. 迺夜往鵝欄間, 取諸兄弟鵝悉殺之. 旣曉, 家人咸以驚駭, 云是變怪, 以白車騎, 車騎曰: "無所致怪. 當是南郡戲耳!" 問果如之.

32. 참험 : Slander and Treachery

'참험讒險'은 간사하고 음험한 말로 남을 참소하고 음해한다는 뜻이다. 이러한 '참험'을 당한 사람은 자신을 방어하고 상대방에게 보복하기 위하여 방법을 모색하게 되는데, 여기에서 '참험'과 '반참험'의 투쟁이 발생한다.

이러한 투쟁은 결코 위진시대부터 시작된 것은 아니지만, 당시 격렬하였던 권력투쟁의 와중에서 이러한 '참험'과 '반참험'의 양상이 특히 두드러졌던 것이다. 동시에 세상이 날로 복잡해짐에 따라 '참험'과 '반참험'의 수단도 더욱 정교하게 은폐되었다.

「참험」편을 통해서 당시 통치집단 내부의 기만적인 실상과 권력쟁탈의 험악한 싸움을 잘 엿볼 수 있다.

□ 효무제가 왕순을 접견하지 않다[孝武帝不見王珣]

효무제孝武帝(司馬曜)는 왕국보王國寶와 왕아王雅를 매우 신임하고 경애했다. 왕아가 효무제에게 왕순王珣을 추천하자, 효무제는 그를 만나보고자 했다. 한번은 효무제가 밤에 왕국보·왕아와 함께 마주앉아 있었는데, 약간 술기운이 있는 상태에서 왕순을 불러들이라고 했다. 왕순이 거의 도착할 즈음에 사졸이 보고하는 소리가 이미 들렸다. 왕국보는 자신의 재능이 왕순보다 못하다는 것을 알고 있었기 때문에 황제의 총애를 빼앗길까봐 두려워서 이렇게 말했다.

"왕순은 당나라의 이름난 명사이므로 폐하께서 술기운이 있는 상태에서 그를 접견하시는 것은 마땅하지 못하오니, 따로 조서를 내려 부르시는 것이 좋겠사옵니다."

효무제는 그의 말을 옳다고 여기고 마음속으로 충성스럽다고 생각하여 결국 왕순을 접견하지 않았다.

> 孝武甚親敬王國寶·王雅. 雅薦王珣於帝, 帝欲見之. 嘗夜與國寶·雅相對, 帝微有酒色, 令喚珣. 垂至, 已聞卒傳聲. 國寶自知才出珣下, 恐傾奪要寵, 因曰: "王珣當今名流, 陛下不宜有酒色見之, 自可別詔也." 帝然其言, 心以爲忠, 遂不見珣.

33. 우회: Blameworthiness and Remorse

'우회尤悔'는 과실을 범하고 후회한다는 뜻이다. '우회'는 본래 사람이라면 모두 겪는 것이지만, 각기 처한 시대와 지위, 본인의 개성과 경력 등이 다름으로 인해 '우회'의 내용과 드러난 양상도 달라진다. 반대로 이러한 서로 다른 내용과 양상을 통하여 특정한 시대와 사회 및 개인품격의 서로 다른 특징을 파악할 수도 있다.

「우회」편에 수록된 고사는 위진시대의 제왕과 관료 사대부들이 관계官界와 생활 속에서 범한 과실과 그에 따른 회한을 기술하고 있다. 이러한 고사들은 비록 개인적인 과실과 회한이 주된 내용이지만, 그 발생배경에는 위진이라는 시대적 특징이 깔려 있다. 따라서 '우회'라는 일종의 복잡한 심리현상을 분석함으로써 위진시대와 인물의 일부 특징을 비교적 분명하게 파악할 수 있다.

□ 악명이라도 만세에 남겨야지[遺臭萬載]

  유취만재遺臭萬載 : 유취만년遺臭萬年. 악명을 오래도록 후세에 남기다. 더러운 이름을 천추에 남기다.

  환공桓公[桓溫]이 누워 있다가 말했다.

"이처럼 조용히 있다면 문제文帝〔司馬昭〕와 경제景帝〔司馬師〕*에게 비웃음을 살 일이지!"

잠시 후 벌떡 일어나 앉으며 말했다.

"훌륭한 명성을 후세에 전〔流芳後世〕**할 수 없다면 악명을 만세에 남기는 것도 할 수 없단 말인가?"

* 문제와 경제는 무제武帝 사마염司馬炎이 진晉나라를 개국한 뒤에 추봉追封되었다. 위魏나라 조정에서 군사상의 실권을 장악했던 사마의司馬懿가 죽은 뒤에 그의 장자 사마사司馬師〔景帝〕는 권력을 강화하여 제왕齊王 조방曹芳을 폐하고 고귀향공高貴鄕公을 옹립했으며, 사마사가 죽은 뒤 그의 동생 사마소司馬昭〔文帝〕는 조정의 정권을 장악하여 고귀향공을 살해하고 진류왕陳留王 조환曹奐을 옹립했다. 사마사와 사마소 형제는 모두 위나라의 찬탈을 실질적으로 추진한 인물이었다.

** 유방후세流芳後世: 유방백세流芳百世, 유방천고流芳千古와 동의어로 훌륭한 명성을 후세에 전한다는 의미이다.

桓公臥語曰: "作此寂寂, 將爲文·景所笑!" 旣而屈起坐曰: "旣不能流芳後世, 亦不足復遺臭萬載邪?"

□ 간문제가 벼를 알지 못하다[簡文不識田稻]

간문제簡文帝〔司馬昱〕가 논의 벼를 보았지만 무엇인지 알지 못하여 그것이 어떤 풀인지 물었더니, 좌우 시종들이 벼라고 대답했다. 간문제는 궁궐로 돌아온 뒤 3일 동안 조회에 나가지 않은 채 이렇게 말했다.

"정녕 그 끝에 의지하고 있으면서도 그 근본은 알지 못하다니!"

簡文見田稻, 不識, 問是何草, 左右答是稻. 簡文還, 三日不出, 云: "寧有賴其末, 而不識其本!"

34. 비루: Crudities and Slips of the Tongue

'비루紕漏'는 착오로 인해 실수하다는 뜻이다. 「비루」편은 일상생활 속에서의 행동거지와 어떤 일을 처리하는 과정에서 생긴 실수담을 모아놓은 것이다.

수록된 고사는 착오와 실수를 공통적인 내용으로 하고 있지만, 그러한 착오와 실수가 일어나게 된 배경은 각각 다르다. 왕돈王敦이 화장실을 나와서 세수용 조두澡豆를 잘못 먹은 것은 그가 황실의 사치스런 생활을 잘 몰랐기 때문이며, 왕국보王國寶가 자신이 형주荊州자사에 임명될 것이라고 오해하여 법석을 떤 것은 그가 관직에 욕심이 많아서 상황을 정확히 분석하지 못했기 때문이었다. 사소하게 보일지도 모르는 이러한 '비루'한 고사를 통해 위진 지식인들의 숨겨진 일면을 엿볼 수 있다.

□ 왕돈이 조두를 마시다[王敦飮澡豆]

왕돈王敦이 처음 공주에게 장가들었을 때, 화장실에 가서 옻칠한 상자에 말린 대추가 담겨 있는 것을 보았다. 본래는 코를 막기 위한 것이었지만, 왕돈은 화장실에도 과일을 차려놓았다고 생각하여 먹다보니 바닥이 났다. 그가 화장실에서 돌아왔더니. 시녀가 황금 세숫대야에 물을 담아 들고 있었고 유리주발에는 조두澡豆〔콩가루로 만든 비누의 일종〕를 담아놓았기에 그것을 물에 부어서 마셨는데, 그는 그것을 말린 밥이라고 생각했다. 시녀들은 〔그의 행동을 보고〕 입을 가리고 웃지 않는 자가 없었다.

> 王敦初尙主, 如廁, 見漆箱盛乾棗. 本以塞鼻, 王謂廁上亦下果, 食遂至盡. 旣還, 婢擎金澡盤盛水, 瑠璃盌盛澡豆, 因倒著水中而飮之, 謂是乾飯. 群婢莫不掩口而笑之.

□ 어찌하여 남의 인사를 그르쳤느냐[何以誤人事]

왕대王大〔王忱〕가 죽은 뒤, 조정의 논의 가운데 어떤 이는 〔왕대의 동생인〕 왕국보王國寶가 형주荊州자사가 되는 것이 당연하다고 했다. 왕국보의 주부主簿가 밤에 봉함문서를 들고 와서 일을 보고했다.

"형주의 인사人事는 이미 결정되었습니다."

왕국보는 크게 기뻐하며 그 밤에 쪽문을 열고 막료들을 불렀는데, 말로는 형주자사가 되었다는 것을 언급하지 않았지만 기색은 매우 만족스러워했다. 그러나 새벽에 사람을 보내 탐문하게 했더니 그런 일이 전혀 없었다는 것이었다. 왕국보는 즉시 주부를 불러 질책하며 말했다.

"그대는 어찌하여 남의 인사를 그르쳤느냐?"

> 王大喪後, 朝論或云國寶應作荊州. 國寶主簿夜函白事云: "荊州事已行." 國寶大喜, 而夜開閤, 喚綱紀. 話勢雖不及作荊州, 而意色甚恬. 曉遣參問, 都無此事. 卽喚主簿數之曰: "卿何以誤人事邪?"

35. 혹닉 : Blind Infatuations

'혹닉惑溺'은 어떤 대상에 대해 감정상으로 미혹되어 그것에 푹 빠지는 것을 말한다.

「혹닉」편에 수록된 고사는 모두 남녀 간의 애정에 관한 것이다. 이러한 고사들은 대부분 부정적인 태도로 기술되어 있는데, 예를 들어 조조曹操가 견후甄后의 미색 때문에 업鄴을 공격한 경우, 가충賈充이 투기 심한 부인을 용인했다가 후사가 없게 된 경우, 왕도王導가 첩을 총애하여 정사에 간섭하는 것을 방임한 경우 등은 모두 전형적인 '혹닉' 고사이다.

그러나 일부 고사는 오늘날의 입장에서 보면 매우 생동감 넘치는 애정고사인데, 예를 들어 순찬荀粲이 자기 몸을 차갑게 해서 부인의 열을 식혀준 경우, 가충의 딸이 담을 넘어온 한수韓壽에게 몸을 허락한 경우, 왕융王戎 부부가 서로를 자네라고 부른 경우 등에서는 진실한 사랑과 살아 있는 개성을 엿볼 수 있다.

□ 한수가 향을 훔치다[韓壽偸香]
    투향偸香: 투향절옥偸香竊玉. 남녀가 몰래 정을 통하다.

한수韓壽는 용모가 준수했는데, 가충賈充이 그를 초징하여 속관으로 삼았다. 가충이 매번 속관들과 모임을 가질 때마다 가충의 딸이 푸른 격자창 안에서 엿보았는데, 한수를 보고는 그를 좋아하여 늘 사모하는 마음을 품었으며 그런 마음을 시詩로 읊조렸다. 나중에 하녀가 한수의 집으로 가서 그러한 사정을 갖추어 말하면서, 아가씨가 눈부시게 아름답다는 말도 했다. 한수는 그 말을 듣고 마음이 동하여 마침내 하녀에게 몰래 소식을 전해달라고 부탁한 뒤, 약속한 기일에 찾아가서 밤을 보냈다.

한수는 날렵하고 민첩하기가 따를 자가 없었기에 담을 뛰어넘어 들어갔는데, 가충의 집안에서는 아무도 알지 못했다. 이때부터 가충은 딸이 유달리 자신을 털고 닦으며 평상시와는 달리 유쾌해 한다는 것을 느꼈다.

나중에 속관들을 회견할 때 한수에게서 진기한 향기가 풍겼는데, 그 향은 외국에서 바친 것으로 한 번 사람의 몸에 차면 몇 달 동안 향기가 사라지지 않는 것이었다. 가충은 곰곰이 생각했다.

"무제武帝〔司馬炎〕께서 오직 나와 진건陳騫에게만 이 향을 하사하셨으므로 다른 집에는 이 향이 없다. 혹시 한수와 내 딸이 밀통한 것일까? 그렇지만 담장이 몇 겹이나 되고 대문과 쪽문도 저토록 높은데 무슨 수로 그렇게 할 수 있겠는가?"

그래서 도둑이 들었다고 핑계를 대고 사람을 시켜 담장을 수리하게 했더니, 그 사람이 돌아와서 말했다.

"다른 곳은 이상이 없고 오직 동북쪽 모퉁이에 사람의 발자국이 있지만, 담장이 높아서 사람이 뛰어넘을 수는 없습니다."

그래서 가충이 딸 신변의 하녀를 붙잡아 캐물었더니, 하녀가 사실대로 대답했다. 가충은 그 일을 비밀에 부치고 딸을 한수에게 시집보냈다.

> 韓壽美姿容, 賈充辟以爲掾. 充每聚會, 賈女於靑璅中看, 見壽說之, 恒懷存想, 發於吟詠. 後婢往壽家, 具述如此, 幷言女光麗. 壽聞之心動, 遂請婢潛修音問, 及期往宿. 壽踰捷絶人, 踰牆而入, 家中莫知. 自是充覺女盛自拂拭, 說暢有異於常. 俊會諸吏, 聞壽有奇香之氣, 是外國所貢, 一著人則歷月不歇. 充計: "武帝唯賜己及陳騫, 餘家無此香. 疑壽與女通? 而垣牆重密, 門閣急峻, 何由得爾?" 乃託言有盜, 令人修牆, 使反曰: "其餘無異, 唯東北角有人跡, 而牆高非人所踰." 充乃取女左右婢考問, 卽以狀對. 充祕之, 以女妻壽.

□ 자네를 자네라고 부르다[卿卿]

경경卿卿: 부부 사이의 애칭.
경경아아卿卿我我: 남녀가 화목하고 즐겁게 이야기를 나누다.

왕안풍王安豊[王戎]의 부인은 늘 왕안풍을 자네라고 불렀다. 그래서 왕안풍이 말했다.

"부인이 남편을 자네라고 부르는 것은 예법상 불경한 일이니, 차후로 다시는 그렇게 부르지 마시오."

그러자 부인이 말했다.

"자네를 가까이하고 자네를 사랑하기에 자네를 자네라고 부르는 것이오. 내가 자네를 자네라고 부르지 않는다면 누가 자네를 자네라고 부르겠소?"

왕안풍은 결국 그렇게 부르는 것을 항상 허락해 주었다.

> 王安豊婦, 常卿安豊. 安豊曰: "婦人卿婿, 於禮爲不敬, 後勿復爾." 婦曰: "親卿愛卿, 是以卿卿. 我不卿卿, 誰當卿卿?" 遂恒聽之.

36. 구극 : Hostility and Alienation

'구극仇隙'은 원한으로 인해 벌어진 틈이나 서로 원수가 되어 어긋난 사이를 뜻한다. 위진시대의 어지러운 사회에서 통치계급 내부의 모순이 첨예화되면서, 사족집단과 관료사대부들 사이에는 권력쟁탈, 이해득실, 정견의 불일치, 개인적인 은원恩怨 등으로 인해 복잡하게 얽힌 원한관계가 조성되었다. 또한 간신배들의 음험한 참소는 이러한 풍조를 부채질했으며, 위진 사인士人들의 '간오簡傲'하고 '분견忿狷'한 성격도 이러한 모순과 충돌을 일으키는 데 한 몫을 했다.

「구극」편에 수록된 고사는 대부분 권력·지위·재물·미녀로 인해 원한이 생기고 그 원한이 보복살인으로까지 발전한 경우이다. 그 가운데 심한 경우는 자신의 권세를 이용하여 상대방에 대한 죄명을 날조하고 그를 사지로 몰아넣어 앙갚음하는 것이다. 「구극」편을 통하여 위진 통치집단 내부의 첨예한 모순과 잔혹한 투쟁의 일면을 잘 살펴볼 수 있다.

□ 무슨 이유로 그리 급히 나를 죽이려 했는가[何故趣欲殺我

왕효백王孝伯[王恭]이 처형당하자* 그의 머리를 대항大桁에 매달

아놓았다. 사마태부司馬太傅〔司馬道子〕가 수레채비를 명하여 외출했다가 효수목梟首木에 이르러 왕효백의 머리를 자세히 쳐다보며 말했다.

"그대는 무슨 이유로 그리 급히 나를 죽이려 했는가?"

✽ 왕공王恭은 나라의 환난〔司馬道子의 심복이었던 王國寶 등의 專橫〕을 깊이 근심하여 항표문抗表文을 올리고 거병擧兵했다. 그래서 조정에서는 좌장군 사염謝琰을 파견하여 왕공을 토벌하게 했는데, 왕공은 곡아曲阿로 패주했다가 호포위湖浦尉〔曲阿湖의 호숫가를 순찰하는 관리〕에게 사로잡혔다. 처음에 사마도자司馬道子는 왕공과 사이가 좋았기 때문에 그를 죽이지 않고 도성으로 연행하여 면전에서 질책하려고 했으나, 서군西軍〔東晉 安帝 隆安 2년(398) 王恭이 거병했을 때, 이에 호응하려 했던 荊州지역의 桓玄·殷仲堪 등의 군대〕이 들이닥쳤다는 말을 듣고는 아당兒塘에서 그를 참수하여 동항東桁에 효수하게 했다.〔『속진양추(續晉陽秋)』〕

    王孝伯死, 縣其首於大桁. 司馬太傅命駕出至標所, 孰視首, 曰: "卿何故趣欲殺我邪?"

204 유의경과 『세설신어』

제3장 『세설신어』의 국내전래와 수용

　『세설신어』는 통일신라시대부터 우리나라의 문학과 학술 즉 한국문화에 커다란 영향을 미친 한적漢籍 가운데 하나이다. 우리나라에서 『세설신어』의 유전流傳과 영향 및 연구는 조선시대에 가장 흥성하여 여러 각본과 필사본이 계속 나왔으며, 많은 문인들의 문집에서 『세설신어』의 고사를 전고로 사용한 예를 흔히 찾아볼 수 있다.
　조선조 이전에는 전해지는 각본이 없으며 단지 당시의 유전상황을 알아낼 수 있는 몇몇 방증자료만이 남아 있다. 조선조 이후로는 거의 침체상태를 면치 못하다가 80년대에 이르러서야 번역서와 연구논문들이 나오기 시작하여 새로운 전기를 맞이했다.

1. 통일신라시대(669~935)

　『세설신어』가 언제 처음으로 국내에 전래되었는지 그 정확한 시기는 알 수 없다. 그러나 필자가 고찰한 바로는 『세설신어』는 이미 통일신라시대 후기에 전래되었던 것으로 보이는데, 그 구체적인 근거는 신라의 대문호 최치원崔致遠(857~?)의 시 「봄날 새벽에〔春曉偶書〕」*에서 찾을 수 있다.

* 『삼한시귀감三韓詩龜鑑』 권중에 실려 있는 한림학사 최치원의 「춘효우서春曉偶書」. 〔金甲起 역주, 『羅麗漢詩選』(『三韓詩龜鑑』, 이우출판사, 1983), 165~166쪽의 것을 따름〕

어쩌랴! 흐르는 세월 돌이킬 수 없으니,	回耐東流水不廻
때로운 물색만 재촉하여 시름겹게 하누나.	只催時景惱人來
정겨운 아침 비는 보슬보슬 내리고,	含情朝雨細復細
하놀이로 좋은 꽃 필동말동.	弄艶好花開未開
난세라 아름다운 경치 임자없고,	亂世風光無主者
부생의 명리야 더욱 유유하구나.	浮生名利轉悠哉
생각사로 한스럽다! 유령의 부인,	思量可恨劉伶婦
억지로 낭군께 술 덜 먹게 했다니.	強勸夫郞疎酒盃

위의 인용시 가운데 마지막 두 구절은 바로 『세설신어』「임탄」편 제3조 「유령병주劉伶病酒」 고사를 그 전고로 사용한 것이다.

최치원은 신라 말기의 학자로 자字는 고운孤雲・해운海雲, 시호는 문창후文昌侯이다. 12세(868)에 당나라에 유학하여 17세(873)에 과거에 급제한 뒤, 선주율수현위宣州溧水縣尉와 승무랑시어사내공봉承務郞侍御史內供奉 등의 관직을 지냈고, 고병高騈의 종사관從事官으로 황소黃巢의 난 진압에 참가하여 「토황소격문討黃巢檄文」

을 써서 문명文名을 높였으며, 28세(884)에 귀국했다. 귀국 후 38세(894)에는 시무時務 10여 조를 올려 아찬阿湌 벼슬에 올랐다. 그러나 만년에는 난세에 절망하여 각지를 유람하면서 인생무상과 풍월을 읊다가 마지막에는 가야산伽倻山 해인사海印寺에 들어가 여생을 마쳤다고 하는데, 그 죽은 해는 확실히 알 수 없다.

위의 시는 정확히 언제 지어졌는지 알 수 없지만, 최치원의 행적에 비춰보아 그의 만년에 지어진 것으로 추정된다. 시에서 언급한 '난세'가 구체적으로 어느 시기인지 분명하지 않지만, 918년에 고려가 건국되어 신라와 대치할 때부터 신라의 국세가 기울어 935년 망국에 이르기까지를 가리키는 것으로 본다면, 그 때 최치원의 나이는 대략 60~80세가 되므로 그의 만년에 해당된다 하겠다.

이상의 추정을 전제로 한다면 『세설신어』는 최치원이 위의 시를 짓기 전, 즉 아무리 늦어도 900년대 초에는 이미 국내에 전래되어 있었다고 할 수 있다. 이 시기는 중국의 당말오대唐末五代 초기에 해당된다.

그러나 이러한 추정에 대하여 몇 가지 반론을 제기할 수도 있다. 첫째는 최치원이 위의 시를 지을 때 기억에 의존하여 유령의 전고를 사용했을 수도 있다는 점이다. 16년간 당나라에 체류하는 동안 과거시험에 합격하고 여러 관직을 지낸 그의 행적으로 보아, 인구에 회자되던 유령의 전고쯤은 직접 『세설신어』를 들춰보지 않더라도 익히 알고 있었을 것이라고 생각되기 때문이다. 둘째는 최치원이 위의 시를 지으면서 『세설신어』가 아니라 『진서晉書』「유령전劉伶傳」에 근거했을 수도 있다는 점이다.＊ 『진서』는 당나라 초에 편찬되었지만, 일반적으로 다른 서적에 비하여 사서史書는 수입이 빨랐으므로, 『진서』가 『세설신어』보다 먼저 전래되었을 수도 있다.

＊위의 인용시에서 사용한 유령의 전고는 『진서』 권49 「유령전」에도 실려 있다. 『진서』를 편찬할 때 『세설신어』의 많은 고사를 사료로 활용한 것은 이미 널리 알려진 사실이다.

『진서』가 언제 국내에 전래되었는지에 대한 구체적인 문헌상의 기록은 없지만, 다른 방증자료를 통해 그 시기를 추정할 수는 있다. 『삼국사기三國史記』 권5, 「신라본기新羅本紀」 진덕왕眞德王 2년(648)의 기록을 보면, 당나라 태종太宗이 신라사절 김춘추金春秋에게 새로 찬한 『진서』를 하사했다는 사실을 알 수 있는데, 이때는 바로 『진서』가 완성된 해이다. 따라서 김춘추가 『진서』를 가지고 귀국했다면, 7세기 중반에 『진서』가 국내에 전래되었다고 추정할 수 있다.

하지만 『진서』가 당시 신라 지식인들에게까지 널리 유포되었는지는 알 수 없다. 『진서』가 인용된 최초의 기록은 그로부터 300여 년이 지난 뒤인 『고려사高麗史』 권3, 성종成宗 12년(993)의 기록에서 발견할 수 있다.

이상의 방증자료를 통해 『진서』는 7세기 중반 이후에 국내에 전래되어 10세기 말경에는 지식인들에게 유포되었을 것으로 추정할 수 있다. 최치원이 918년에서 935년 사이에 죽었을 것을 전제로 한다면, 그가 생전에 『진서』를 접했을 가능성이 높다. 그러나 이러한 반론 역시 추정에 불과한 것이다.

한편 일본의 경우는 헤이안平安시대(782~1190)에 정오위하행 륙오수正五位下行陸奥守 겸 상야권개上野權介 벼슬을 지낸 후지와라 스케요藤原佐世가 칙명을 받아 편찬한 일본 최초의 한적漢籍 목록서인『일본국현재서목日本國見在書目』에 "世說十, 宋臨川王劉義慶撰, 劉孝標注"라고 저록되어 있는데, 편찬을 담당한 후지와라 스케요가 위의 관직을 지낸 기간이 관평寬平 3년에서 9년까지(891~897)이므로, 늦어도 800년대 말에는『세설신어』가 이미 일본에 전해졌다는 것을 분명히 알 수 있다.* 이 시기는『세설신어』의 국내 전래 추정시기와 거의 비슷하다.

*왕능헌王能憲,『세설신어연구』(南京:江蘇古籍出版社, 1992), 242쪽 참고.『일본국현재서목』은『수서隋書』「경적지經籍志」의 체재를 모방하여, 당시 일본에 전래되었던 1,579종 16,790권의 중국고적古籍을 저록해 놓은 목록서이다.

이상의 논의를 종합해 보면『세설신어』가 통일신라시대에 전래되었다고 단정할 수는 없지만, 위에서 살펴본 몇 가지 정황으로 미루어 보아 이 시기에 전래되었을 가능성이 충분히 있다고 하겠다.

2. 고려시대(918~1392)

『세설신어』는 고려시대 중엽에 이르러 그 청담취향의 고사 성격이 당시의 정치적인 상황과 맞물려 여러 문인들의 중시를 받았다.

고려 초기 이래 숭문억무崇文抑武 정책으로 인해 쌓여 있던 무신들의 불만이 의종毅宗(1146~1170 재위) 때에 이르러 무신에 대한 국왕의 천대와 문신들의 멸시 등으로 인해 폭발한다. 마침내 의종 24년(1170)에 정중부鄭仲夫·이의방李義方·이고李高 등이 무신 쿠데타를 일으켜, 문관들을 학살한 뒤 의종을 추방하고 그의 동생 익양공翼陽公[明宗]을 옹립함으로써 정권을 잡았는데, 이를 '정중부의 난' 또는 '무신의 난'이라 부른다.

그 뒤 명종明宗 26년(1196)에 무신 최충헌崔忠獻(1149~1219)이 정권을 잡게 되어 60년간 최씨 막부시대가 계속되었는데, 이 시기에는 문신도 상당한 대우를 받긴 했지만 여전히 무신의 억압 아래 있었다. 그래서 정중부의 난 이후로 많은 문인들이 세상을 등지고 산림에 은거하면서 시주詩酒와 청담을 일삼았다. 그 가운데 특히 이인로李仁老·오세재吳世才·임춘林椿·조통趙通·황보항皇甫抗·함순咸淳·이담지李湛之 등은 자신들을 중국의 죽림칠현竹林七賢에 비유하여 '해좌칠현海左七賢'이라 했으며, 이규보李奎

報는 나중에 약관의 나이로 이들의 대열에 후배로서 참여했는데, 『고려사』「열전」'이규보'조를 보면 그러한 상황을 잘 알 수 있다.

> 이인로·오세재·임춘·조통·황보항·함순·이담지 등은 스스로를 한 시대의 호걸이라 생각하고 벗삼아 모여 칠현이라 불렀으며, 마냥 술 마시고 시 지으면서 안하무인처럼 행동했다. 오세재가 죽자 이담지가 이규보에게 말하기를 "그대가〔궐석을〕채우겠는가?"라고 했더니, 이규보가 말하기를 "칠현이 무슨 조정의 벼슬이라고 그 궐석을 채운단 말입니까? 혜강과 완적이 죽은 뒤로 그들을 이었다는 자가 있다고는 듣지 못했습니다"라고 하여, 모두들 크게 웃었다.
>
> 李仁老·吳世才·林椿·趙通·皇甫抗·咸淳·李湛之等, 自以爲一時豪俊, 結爲友, 稱七賢, 每飮酒賦詩, 旁若無人. 世才死, 湛之謂奎報曰: "子可補耶?" 奎報曰: "七賢豈朝廷官爵而補其闕也? 未聞嵆阮之後, 有承之者." 皆大笑.

이러한 배경하에서 이인로의 『파한집破閑集』, 최자崔滋의 『보한집補閑集』, 이규보의 『백운소설白雲小說』, 이제현李齊賢의 『역옹패설櫟翁稗說』 등 패관소설稗官小說이 세설류世說類 청담문학의 영향을 받아 지어졌는데, 이들의 작품에서 『세설신어』의 고사를 전고로 사용한 예를 쉽게 찾을 수 있다.

『세설신어』가 국내에 전래되었다는 보다 분명한 문헌상의 기록은 고려의 대문호 이규보(1168~1241)의 시와 그의 자주自注에서 발견된다. 이규보는 「동각 오세문이 고원의 여러 학사에게 드린 삼백운의 시에 차운하다〔次韻吳東閣世文呈詰院諸學士三百韻詩〕」(『東國李相國集』卷5)라는 장편의 고율시古律詩 가운데 "위엄은 이미 왕이를 복종시켰네〔威已懾王姨〕"라는 구절 끝에 다음과 같이 자신이 직접 주를 달았다.

〔왕이王姨는〕 왕이보〔王衍〕의 이모다. 이 고사는 『세설』에 보인다.
王夷甫姨也. 事見世說.

위의 인용문에서 "『세설』에 보인다"라고 한 것은 『세설신어』 「규잠」편의 고사*를 말하는 것이다.

*『세설신어』, 「규잠」 제8조: "왕이보王夷甫〔王衍〕의 부인은 곽태녕郭泰寧〔郭豫〕의 딸인데, 재주도 못났고 성질도 괴팍한데다 만족할 줄 모르고 재물을 긁어모았으며 남의 일에 간섭하곤 했다. 왕이보는 그것을 근심했지만 막을 수가 없었다. 당시 왕이보와 같은 고향사람인 유주자사幽州刺史 이양李陽은 도성의 이름난 협사俠士로서 한漢나라의 누호婁護와 같았는데, 곽씨가 그를 무서워했다. 그래서 왕이보가 자주 부인을 말리면서 말하기를 '나만 당신이 옳지 않다고 말하는 것이 아니라 이양도 당신이 옳지 않다고 말합디다'라고 하면, 곽씨는 그 말 때문에 약간 주춤하곤 했다.〔王夷甫婦, 郭泰寧女. 才拙而性剛, 聚斂無厭, 干豫人事. 夷甫患之, 而不能禁. 時其鄉人幽州刺史李陽, 京都大俠, 猶漢之婁護, 郭氏憚之. 夷甫驟諫之, 乃曰: '非但我言卿不可, 李陽亦謂卿不可.' 郭氏爲之小損〕" 이 고사는 『진서』 권43, 「왕연전王衍傳」에도 나오는데 모두 왕연의 부인에 대한 일로 되어 있다. 이규보의 시와 자주에서 '왕이보의 이모'라고 한 것은 아마도 착오인 것 같다.

위의 차운시次韻詩가 지어진 시기는 이규보의 아들 이함李涵이 부친의 문집을 만들고 나서 쓴 「연보年譜」에 따르면, 금金나라 명창明昌 6년, 즉 고려 명종 25년(1195)에 해당된다. 따라서 1195년에는 『세설신어』가 국내에 분명히 존재했음을 알 수 있다. 하지만 이규보를 비롯하여 같은 시대의 여러 문인들이 세설풍世說風의 담론을 선호하고 그들의 저작에서 『세설신어』의 고사를 전고로 사용한 예가 빈번한 점 등으로 미루어 보아,* 이 때에는 이미 『세설신어』가 상당기간 널리 유전되어 온 것으로 보인다.

<small>*이규보의 경우를 예로 들면, 그의 『동국이상국집東國李相國集』 전체에서 『세설신어』의 고사를 전고로 사용한 것이 80여 군데나 된다.</small>

필자의 주장 이외에도 『세설신어』가 이미 고려시대에 전래되었을 것이라는 견해는 일찍이 있었다. 이 문제를 맨처음 언급한 사람은 일제시대의 타카하시 스스무高橋亨이다. 그는 「조선의 유모아」(『語文論叢』, 京城帝國大學文學會)라는 논문에서 다음의 몇 가지 이유를 들어 『세설신어』가 고려시대에 국내에 전래되어 독자의 흥미를 끌고 청담의 전범이 되었을 것이라고 추정했다.

① 고려시대 이인로의 『파한집』에 세설류 청담이 보인다는 점.
② 이인로·오세재·임춘·조통·황보항·함순·이담지 등이 함께 교유하고 중국의 죽림칠현에 비유하면서 조석으로 시주와 청담을 나눈 점.
③ 고려시대에 송나라의 서적수입이 왕성했던 점.*
④ 고려와 중국과의 사신 왕래가 빈번했다는 점 등.

*『증보문헌비고增補文獻備考』 권242, 「예문고藝文考」: "선화연간(1119~1125)에 명을 받들어 고려에 사신으로 간 자가 있었다. 그 나라에는 기이한 책이 매우 많아 선진 이후로 진·양·수·당대의 책이 모두 있었는데 몇천 가, 몇천 집인지 모를 정도였다〔宣和間有奉使高麗者, 其國異書甚富, 自先秦以後晉唐隋梁之書皆有之, 不知幾千家幾千集〕"라는 기록을 보면 그러한 상황을 잘 알 수 있다.

이상의 견해는 정황상으로 보아 충분히 납득할 만하지만, 구체적인 문헌상의 기록이나 확실한 근거자료가 제시되어 있지 않아서 신빙성이 부족한 추정에 불과하다.

그 뒤 이재수李在秀는 「한국소설 발달단계에 있어 중국소설의 영향」(『慶北大論文集』 제1집, 1956)이란 논문에서 타카하시 스스무의 견해를 그대로 수용하여 그의 견해를 요약 소개한 바 있다.

또한 박성의朴晟義는 『한국문학배경연구』(二友出版社, 1980)에서 이재수의 요약 소개문을 다시 전재轉載하면서, 한 걸음 더 나아가 다음의 몇 가지 이유를 들어 『세설신어』를 비롯한 『소림笑林』(魏 邯鄲淳 撰)·『어림語林』(西晉 裵啓 撰)·『곽자郭子』(東晉 郭澄之 撰)·『속설俗說』(梁 沈約 撰) 등의 '청담설화문학'이 고려 선종宣宗(1083~1094 재위) 이전에 전래되었을 것이라고 추정했다.

① 정중부의 난 뒤 무신들의 정권다툼과 최씨 일족의 집권으로 말미암아 문신들이 산간으로 도피하여 중국의 죽림칠현을 흠모하고 그들의 청담을 모방했기 때문에, 이인로의 『파한집』, 최자의 『보한집』, 이규보의 『백운소설』, 이제현의 『역옹패설』 등이

세설류의 영향 아래 지어졌을 것이라는 점.

② 『세설신어』보다 뒤에 편찬된 양梁나라 소명태자昭明太子의 『문선文選』이 삼국시대(3c 초~7c 중엽)에 수입되어 고려시대에 애중愛重된 점.*

③ 고려 선종 8년(1091)에 송나라 황제가 고려로부터 구입하고자 하는 서목 가운데 『고사전高士傳』(西晉 嵇康 撰)과 『수신기搜神記』(東晉 干寶 撰)가 들어 있는 점** 등.

* 『구당서舊唐書』 권199, 「동이열전東夷列傳」 '고려'조: "그 서책으로는 오경·『사기』·『한서』, 범엽의 『후한서』·『삼국지』, 손성의 『진양추』·『옥편』·『자통』·『자림』이 있었다. 또한 『문선』이 있었는데 특히 그것을 애중했다〔其書有五經及史記·漢書·范曄後漢書·三國志·孫盛晉陽秋·玉篇·字統·字林, 又有文選, 尤愛重之〕" 『구당서』에서 말하는 '고려'는 사실상 삼국시대의 '고구려'이다.

** 『고려사』 권10, 「세가」 '선종 8년 6월'조: "병오일에 이자의 등이 송나라에서 돌아와 상주하기를 '송나라 황제가 우리나라의 서적 중 선본이 많다는 말을 듣고 관반서에 명하여 구하고자 하는 책의 목록을 주었사온데,… 혜강의 『고사전』 3권,… 간보의 『수신기』 30권… 등이 옵니다'라고 했다.〔丙午, 李資義等還自宋, 奏云: '帝聞我國書籍多好本, 命館伴書, 所求書目錄授之.… 嵇康高士傳三卷,… 干寶搜神記三十卷,…'〕"

이상의 견해는 타카하시 스스무의 견해보다 구체적으로 시기를 한정하고 설득력이 보다 강하긴 하지만, 역시 명확한 근거가 없는 추정에 불과하다.

이밖에 이능우李能雨〔『古小說研究』(二友出版社, 1980)〕와 민관동閔寬東〔『中國古典小說流傳韓國之研究』(臺灣文化大學中文研究所 박사논문, 1994)〕 등도 이 문제를 언급했지만, 타카하시 스스무와 박성의의 논의범주를 벗어나지 못한 채 이제까지 답보적인 수준에 머물러 있었다. 그러나 필자의 자료 발굴과 고찰에 의해 새로운 근거가 구체적으로 제시되었으므로 『세설신어』의 확실한 전래시기를 단정할 수 있게 되었다.

3. 조선시대(1392~1910)

조선시대는 『세설신어』에 대한 열기가 대단히 뜨거웠던 시기인데, 그 유전상황을 몇 가지로 간추려 보면 다음과 같다. 첫째로 국왕을 비롯한 문인학자들이 『세설신어』의 가치를 선양하고 그들의 문집에 폭넓게 수용했다. 둘째는 중국판본이 대량으로 수입되었다. 셋째로 한각본韓刻本의 간행이 성행했으며 필사 역시 활발히 이루어졌다.

한편 유의경의 원본 『세설신어』보다는 명나라 하량준何良俊의 『하씨어림何氏語林』*을 동시대의 왕세정王世貞이 산정刪定한 『세설신어보世說新語補』**가 크게 유행한 점 또한 이 시기의 특징이라 하겠다.

*명나라 하량준(1506~1573)이 가정嘉靖 29년(1550)에 찬한 『하씨어림』(『어림』이라고도 함)은 동진 배계裵啓의 『어림』에서 서명을 따오고 『세설신어』의 체재를 답습하여 「언지言志」·「박식博識」 2편을 더 추

가함으로써, 총 30권, 38편, 2,700여 조, 20여만 자로 구성된 지인류志人類 필기소설이다. 이 책은 전대의 사전史傳과 필기잡서 중의 인물 고사를 뽑아 수록했는데, 그 시대범위는 한나라부터 송원시대까지이며, 『세설신어』에 수록된 고사는 제외되어 있다. 또한 『세설신어』의 유효표 주를 모방하여 각 조 밑에 자신의 주를 달았으며, 각 편 앞에는 자서自序를 두어 편목의 함의와 편집의도 등을 밝혀놓았다.

※※『세설신어보』는 유의경의 『세설신어』와 하량준의 『하씨어림』 가운데 각각 일부분을 삭제하여 합쳐놓은 형태인데, 이러한 산정작업을 한 사람은 왕세정(1526~1590)으로 알려져 있다. 처음에는 산정된 『세설신어』와 『하씨어림』을 합각合刻한 형태로 있다가 나중에는 두 책을 혼합한 형태로 발전한 것으로 보인다. 『세설신어보』는 『하씨어림』에서 추가한 「언지」·「박식」 2편을 다시 삭제하고 『세설신어』의 본래 편목에 따라 36편으로 되어 있으며, 분량에 대해서는 왕세정의 서문에서 "『세설』에서 삭제한 것은 10분의 2를 넘지 않으며 하씨의 책에서 채록한 것은 10분의 3을 넘지 않는다"라고 밝혔다. 명나라 시대에는 『세설신어보』가 크게 유행하여 "나라 안에 임천臨川[劉義慶]이 있는지 더 이상 알지 못하는"[『世說新語補』, 「凌濛初序」] 정도가 되었다고 한다.

1) 국왕과 문인학자들의 애호

선조宣祖(1567~1608 재위) 때 통신사通信使·봉상시첨정奉常寺僉正을 지냈으며 격문檄文과 주필走筆로 뛰어났던 차천로車天輅(1556~1615)의 『오산설림五山說林』을 보면, 당시 문사들이 『세설신어』를 얼마나 애독했는지를 엿볼 수 있다.

[이백의] 「위시어韋侍御에게 보냄」이란 시에서 "나는 풍년의 옥

이 가을 밭 풀에 버려져 있는 것과 같네"라고 했는데, 『세설』*에 "세상에서 평하기를 '유문강庾文康〔庾亮〕은 풍년의 옥이요, 유치공庾穉恭〔庾翼〕은 흉년의 곡식이다'라고 했다"는 고사가 있다.

* 여기에서 인용한 『세설』의 고사는 『세설신어』 「상예」 제69조에 나온다.
    〔李白〕「贈韋侍御」: "我如豊年玉, 棄置秋田草". 『世說』: "世稱: '庾文康爲豊年玉, 穉恭爲荒年穀.'"

맹호연孟浩然의 시 「육내사陸內史에게 부침」의 "순채국을 어찌 전할 만 하리요?"라는 구절에 대한 주에서 장한張翰의 말을 인용하여 말하기를 "육내사는 미상이다"라고 했다. 고찰해 보니 『세설』*에 "육사형陸士衡〔陸機〕이 처음 낙양洛陽에 들어가 왕무자王武子〔王濟〕를 만났는데, 왕무자가 손으로 양 타락죽을 가리키며 말하기를 '그대의 〔고향인〕 오중吳中에서 어떤 것이 이것에 필적할 수 있겠소?'라고 하자, 육사형이 말하기를 '천리호千里湖의 순채국과 말하末下의 콩자반이지요'라고 했다"는 고사가 있다.

* 여기서 인용한 『세설』의 고사는 『세설신어』 「언어」 제26조에 나오는데, 문자상의 출입이 다소 있다
    孟浩然詩「寄語陸內史」: "蓴羹何足傳?" 注引張翰語而曰: "陸內史, 未詳."
    按『世說』: "陸士衡始入洛, 見王武子, 武子指示羊酪曰: '卿吳中何物可以敵此?' 陸曰: '千里蓴羹, 末下鹽豉.'"

위의 인용문에서 차천로는 이백과 맹호연의 시구에 사용된 전고를 정확히 지적하고 있는데, 이를 통하여 그가 『세설신어』를 얼마나 숙독했는지 잘 알 수 있다.

또한 영조英祖(1724~1776 재위) 때의 대제학大提學으로 대문장가

였던 이의현李宜顯(1669~1745)의 『도곡집陶谷集』「잡저雜著」에 다음과 같은 기록이 있다.

> 그 담론취향 서책의 문장은 모두 담박하고 고상하여 즐길 만한데, 이것은 유의경의 『세설』이 문인들에게 특히 사랑받은 까닭이다. 이로 말미암아 생각해 보니, 당시에 그 인물을 직접 보고 그 언어를 듣는 것 같으니 어찌 매료되지 않을 수 있겠는가? 명나라 사람이 그 번잡함을 산정하고 그 뛰어남을 보충하여 한 권의 서책을 만들었으니, 진실로 문단의 진귀한 보물이다. 명나라 사신 주지번朱之蕃이 가지고 와서 서경西坰〔柳根〕*에게 증정하여 마침내 우리나라 문인들이 즐겨 보게 되었다.

* 유근柳根(1549~1627)은 자가 회부晦夫, 호가 서경西坰·고산孤山으로 이황李滉의 문인이었다. 1591년 건저建儲문제로 정철鄭澈이 화를 당했을 때 그 일파로 몰려 탄핵받았으나 문재를 아낀 선조의 배려로 화를 모면했다. 1613년 폐모론廢母論 반대로 관직이 삭탈되었다가 1619년 복직되었다.

> 其談論風標一書之文字則無不澹雅可喜, 此劉義慶世說所以爲槠人墨客所劇嗜者也. 因此想當時親見其人聽其言語者, 安得不傾倒也? 明人删其蕪補其奇, 作爲一書, 誠藝林珍寶也. 朱天使之蕃攜來贈西坰, 遂爲我東詞人所欣睹焉.

여기에서 이의현은 『세설신어』의 '담박하고 고상한' 풍격과 생동감 넘치는 인물묘사를 호평했다. 또한 인용문의 "명나라 사람이 그 번잡함을 산정하고 그 뛰어남을 보충했다"는 구절로 보아 이때 들어온 것은 유의경의 원본 『세설신어』가 아니라 명나라 시대에 간행된 『세설신어보』인 것이 확실하다. 명나라의 사신 주지번이 조선에 온 시기는 선조宣祖 39년(1606)이고 『세설신어보』는 명 가정嘉靖 35년(1556)에 처음 간행되었으므로,* 간행된 지 얼마 되지 않아 바로 국내에 수입되었음을 알 수 있다. 이것은 『세설신어』에 대한 국내 문인·학자들의 수요가 그만큼 많았음을 말해 준다 하겠다.

> *『세설신어보』의 최초 간행연대는 왕세정 서문의 "嘉靖丙辰季夏琅琊王世貞譔"이라는 기록에 근거한 것이다. 그러나 현존하는 『세설신어보』의 판본은 모두 만력萬曆연간(1573~1619) 이후에 간행된 것이다.

또한 정조正祖(1776~1800 재위)는 『홍재전서弘齋全書』권162, 「일득록日得錄」에서 다음과 같이 『세설신어』를 평가했다.

> 소설가는 심히 번잡하고 외람되며 명목은 비록 다르지만 그 지향은 한 가지이다. 오직 유의경의 『세설』만이 가장 볼 만하여, 동진 자제들의 눈썹과 눈, 뺨과 입, 귀밑머리와 머리카락, 집과 방, 수레와 의복, 술잔 등이 마치 직접 보는 것처럼 역력하다.
>
> 小說家甚繁雜猥濫, 名目雖殊, 其指則一也. 唯劉義慶世說最可觀, 江左子弟眉目·頰牙·鬢髮·宮室·輿服·酸斝, 歷歷如親覩焉.

정조는 정통 한문문체에 소설문체가 혼입되는 것을 우려하여 이른바 '문체반정文體反正'을 시행하기 위해서 패사稗史·소설小說·잡서雜書에 대한 금지령을 내릴 정도로 소설을 탄압한 것으로 알려져 있다. 그런데도 그가 『세설신어』에 대해서는 이처럼 찬사를 아끼지 않았으니, 당시 문인·학자들 사이에서 『세설신어』가 얼마나 광범위하게 유전되고 독자의 환영을 받았는지를 잘 알 수 있다.

그밖에 심재沈梓의 『송천필담松泉筆談』, 이제신李濟臣의 『청강소설淸江小說』·『청강쇄어淸江瑣語』, 유몽인柳夢寅의 『어우야담於于野談』, 이희준李羲準의 『계서야담溪西野談』, 정대륜鄭戴崙의 『공사문견록公私聞見錄』, 서거정徐居正의 『골계전滑稽傳』, 작자미상의 『기문총화紀聞叢話』·『대동기담大東奇談』·『성수총화醒睡叢話』·『청구야담靑丘野談』·『패림稗林』 등 일련의 필기소설도 『세설신어』의 해학성과 청담성에 직·간접적인 영향을 받아 지어진 것으로 알려져 있다.

2) 중국판본의 수입

『세설신어』의 중국판본은 조선시대에 집중적으로 수입되었는데, 현재 국내에 소장되어 있는 판본은 모두 명청시대에 간행된 목판본이다. 그 가운데 간행연대를 분명하게 알 수 있는 것을 중심으로 주요판본을 살펴보면 다음과 같다.

① 『세설신어』 계통
- ■ 8卷(8冊) / 劉義慶 撰, 劉孝標 注 / 明 萬曆 9年(1581) 刊 / 精文硏
- ■ 6卷(6冊) / 劉義慶 撰, 劉孝標 注 / 明 萬曆 13年(1585) 刊 / 袁褧

舊序(1535) / 中央圖

■ 6卷(6冊) / 劉義慶 撰, 劉孝標 注, 劉辰翁 注 / 明 萬曆 37年(1609) 刊 / 袁褧 舊序(1535) / 澗松本

■ 6卷(4冊) / 劉義慶 撰, 劉孝標 注 / 淸 光緖 3年(1877) 崇文書局 刊 / 奎章閣

■ 6卷(6冊) / 劉義慶 撰, 劉孝標 注 / 淸 光緖 17年(1891) 思賢講舍 開雕 / 袁褧 舊序(1535) / 成均館大・延世大

■ 6卷(4冊) / 劉義慶 撰, 劉孝標 注 / 淸 光緖 22年(1896) 長沙 刊 / 袁褧 舊序(1535) / 成均館大

이밖에도 간행년 미상과 중복된 『세설신어』 계통의 판본이 10여 종 더 있다.

② 『세설신어보』 계통

■ 6卷・補4卷(合10卷10冊) / 劉義慶 撰, 劉峻 注, 何良俊 增, 王世貞 刪定, 張文柱 校注, 凌濛初 考訂 / 明末 承德堂 刊 / 標題: 增訂世說新語補, 凌濛初 序(1676) / 高麗大

■ 8卷・補4卷(合12卷4冊) / 劉義慶 撰, 何良俊 補, 程稺 重訂 / 淸 康熙 3年(1664) 廣陵玉禾堂 刊 / 王世貞 序(1556), 程稺 序(1664) / 高麗大

■ 20卷(6冊) / 劉義慶 撰, 劉孝標 注, 劉辰翁 批, 何良俊 增, 王世貞 刪定, 王世懋 批釋, 張文柱 校注, 王湛 校訂 / 明 萬曆 14年(1586) 梅墅石渠閣 刊 / 王世貞 序(1556), 王世懋 序(1580), 陳文燭 序

(1586), 李贄 序(1586), 袁褧 舊序(1535), 董弅 舊跋(1138) / 高麗大
■ 20卷(10冊) / 劉義慶 撰, 劉孝標 注, 劉辰翁 批, 何良俊 增, 王世貞 刪定, 王世懋 批釋, 張文柱 校注 / 古吳麟瑞堂 刊, 刊年未詳 / 王世貞 序(1556), 王世懋 序(1580)・再識(1585), 陳文燭 序(1586), 袁褧 舊序(1535) / 延世大
■ 20卷(8冊) / 劉義慶 撰, 劉孝標 注, 劉應登 評, 何良俊 增, 王世貞 刪定, 黃汝琳 補訂 / 淸 乾隆 27年(1762) 茂淸書屋 刊 / 陳文燭 序(1586), 黃汝琳 序(1762) / 精文硏・成均館大

이밖에도 간행년 미상과 중복된 『세설신어보』 계통의 판본이 20여 종 더 있다.

이상에서 열거된 판본에서 알 수 있듯이 『세설신어』는 명나라 원경袁褧 가취당嘉趣堂본 계통의 6권본이 주류를 이루고 있으며, 『세설신어보』는 명나라 장문주張文柱 교각본校刻本 계통의 20권본이 대다수를 차지하고 있다.

3) 한각본韓刻本의 간행

조선시대 『세설신어』 판각에는 크게 두 가지 특징이 있다.
첫째는 판각의 대상이 유의경의 원본 『세설신어』가 아니라 명나라 시대에 증보된 『세설신어보』라는 점이다. 중국판본의 수입도 『세설신어보』를 중심으로 이루어진 것을 감안하면, 당시 독서계에서 애독되었던 것은 『세설신어보』였음이 분명하다.

그 이유는 분명히 알 수는 없지만, 아마도 『세설신어보』에 담긴 인물고사의 시대범위가 한위진 시대에서 송원시대까지 확대되었기 때문에 그것을 통하여 1500년간의 인물고사와 역사지식을 한꺼번에 얻을 수 있었기 때문이라고 생각한다.

둘째는 숙종肅宗(1674~1720 재위) 때 새로 주조한 현종실록자 顯宗實錄字*로 간행되었다는 점이다. 현종실록자로 간행된 책은 경서나 사서와 같은 국가적인 주요전적이 대부분이며, 소설류나 잡서류는 거의 전부가 목판본 아니면 필사본이다. 그런데도 『세설신어보』가 현종실록자로 간행되었다는 것은 그만큼 당시에 특별한 중시를 받았음을 증명해 준다고 하겠다.

* 현종실록자는 『현종실록』을 인쇄하기 위해 민간에서 빌려온 낙동계자洛東契字 3만 5천 자와 숙종 3년(1677)에 새로 주조한 4만 825자를 합한 것이다. 따라서 1677년을 기준으로 하여 그 이전에 인쇄된 책은 '낙동계자본'이고 그 이후에 인쇄된 책은 '현종실록자본'이다. 주조솜씨는 정교하지 못하나 글자체는 단아하고 반듯하여 7대 실록을 비롯한 많은 서적의 인쇄에 사용되었다. 또 활자의 뒷면이 활 등처럼 속으로 움푹 패었는데, 이것은 구리의 양을 절약하고 조판할 때 잘 부착되도록 하기 위한 것으로 여겨진다.

셋째는 『세설신어성휘운분世說新語姓彙韻分』이라는 독특한 판본이 간행되었다는 점이다. 『세설신어성휘운분』은 『세설신어보』를 완전히 해체하여 전체 고사를 등장인물의 성씨별로 재배치한 것으로, 우리나라에서 간행된 세계적으로 희귀한 판본이다. 이러한 새로운 형식과 체재의 판본이 국내에서 간행되었다는 것은 당시 지식인들이 얼마나 『세설신어』를 탐독하고 애호했는지를 잘 대변해 준다고 하겠다.

① 『세설신어보』

　현재 간행연대를 분명히 알 수 있는 『세설신어보』 각본은 숙종 34년(1708)에 현종실록자로 간행된 『세설신어보』 20권 7책〔中央圖·高麗大·延世大·精文硏·成均館大·澗松本〕 1종뿐이다. 이 책은 권수卷首에 "王世貞 序(1556), 王世懋 序(1580)·再識(1585), 陳文燭 序(1586), 袁褧 舊序(1535), 舊題, 董弅 舊跋(1138), 陸游 舊跋(1188), 文徵明 何氏語林序(1611), 陸師道 何氏語林序, 「附釋名」, 「世說新語補目錄」"이 차례로 실려 있으며, 이어서 "世說新語補卷之一" 아래에 "宋劉義慶撰, 梁劉孝標注, 宋劉辰翁批, 明何良俊增, 王世貞刪定, 王世懋批釋, 鍾惺批點, 張文柱校注"라고 제題 되어 있다.

　또한 『하씨어림』에서 뽑아 수록한 고사는 해당 조의 바로 위 상란에 '補'라고 표기하여 원본 『세설신어』의 고사와 구별지음으로써, 독자들에게 일종의 검색의 편리함을 제공하고 있다.* 그리고 일부 고사는 원본 『세설신어』에 소속된 편목에서 다른 편목으로 이동된 경우도 있다.

　　* 필자가 확인한 바에 의하면, 해당 조의 상란에 있는 '補' 표기는 대부분 정확하지만, 일부 표기에서 분명한 착오가 발견되거나 탈락된 부분이 있으므로 그대로 활용하기에는 문제점이 있다.

② 『세설신어성휘운분』

　조선시대에 『세설신어보』 못지않게 활발하게 간행된 또 다른 판본은 『세설신어성휘운분』인데, 위에서 언급했듯이 매우 흥미로운 판본이다. 필자가 조사한 바에 의하면, 현재 국내에 소장되어 있는 『세설신어성휘운분』 판본은 다음과 같다.

- 12卷 4冊 / 王世貞「世說新語補序」(1556), 袁褧「舊序」(1535) / 中央圖·高麗大晚松文庫
- 12卷 6冊 / 王世貞「補序」(1556), 袁褧「舊序」(1535) / 奎章閣·延世大·高麗大晚松文庫
- 12卷 3冊 / 王世貞「補序」(1556), 袁褧「舊序」(1535) / 第2·3冊 缺 / 高麗大華山文庫
- 12卷 3冊 / 王世貞「補序」(1556), 袁褧「舊序」(1535) / 第1·9·10·11·12卷 缺 / 奎章閣
- 12卷 6冊 / 王世貞「補序」(1556), 袁褧「舊序」(1535) / 第10·11·12卷 缺 / 忠南大
- 12卷12冊 / 王世貞「補序」(1556), 袁褧「舊序」(1535) / 第8卷 缺 / 高麗大晚松文庫

이상의 판본은 모두 현종실록자체 목활자로 인쇄된 12권본이다. 이 가운데 연세대 소장 『세설신어성휘운분』 12권 6책을 살펴보면, 권수에 "世說新語姓彙韻分凡例", 王世貞「世說新語補序」(1556), 袁褧「舊序」(1535), 「世說新語姓彙韻分目錄」, 「附舊目錄」"이 차례로 실려 있다.

현재 국내에 소장되어 있는 『세설신어성휘운분』 각본에는 모두 간행기가 없기 때문에 간행자·간행지·간행처·간행년을 알 수 없다. 다만 『세설신어성휘운분』이 현종실록자체 목활자로 인쇄되었다는 점과 『세설신어보』를 저본으로 했다는 점에 근거하면, 현종실록자본 『세설신어보』가 간행된 숙종 34년(1708)경 이후에서 영조英祖(1724~1776년 재위)연간 사이에 간행되었을 것이라고 추정할 수 있다.*

> *『세설신어성휘운분』 간행의 연대추정에 있어서 '숙종 34년(1708) 이후'라는 상한선 추정에는 별 문제가 없는 것으로 판단되지만, 그 하한선 추정에는 사실상 명확한 근거가 없다. 여기서는 일단 『국립중앙도서관고서목록』에서 "英祖年間?"이라고 한 기록에 따르기로 한다.

『세설신어성휘운분』의 체재는 다음의 「범례凡例」 4조에 표명되어 있는데, 각 항목을 자세히 살펴보면 다음과 같다.

1. 『세설』의 구본舊本은 제목으로 편을 나누었는데, 인명이 뒤섞여 나오고 자나 관직으로 달리 불려지며 편장이 짧막하여 고찰하기 어렵다. 그래서 성씨로 편을 나누고 운으로 성을 나누었으며 각 이름 아래에 고사들을 모아서 적었다. 복성·무명씨·승려·여성에 대해서도 역시 각각 분류했다.
1. 한 사람이 여러 편에 나뉘어 보이거나 한 고사가 여러 사람에게 나뉘어 걸려 있는 경우는 이곳과 저곳에서 중복할 수 없기 때문에, 맨처음 나온 사람에 대해서는 그 시말을 함께 기록하고 그 문의文意가 귀착되는 바에 따라 중심인물일 경우는 '호互'자를 붙이고 부차적인 인물일 경우는 '상詳'자를 붙임으로써 참고하도

록 했다.

1. 구주舊註는 혹은 『남사』와 『북사』에서 채록하거나 혹은 『동경사실』·『당서』·『오대사』 등의 책에서 빠짐없이 상세하게 적어놓았지만 또한 너무 번잡한 병폐가 있기 때문에, 약간의 수정과 삭제를 가했으니 독자들은 이를 잘 알아두기 바란다.
1. 구본의 제목은 지금 삭제하는 것이 마땅하지만, 잠시 각 제목 가운데 한 글자를 취하여 각 조 아래에 표식하여 옛 것을 보존한다는 뜻을 담았다.

> 一.『世說』舊本, 以題目分門, 而人名錯出, 字職異稱, 殘簡短章, 艱於考撿. 遂分門以姓, 分姓以韻, 合書事實於各其名下. 至如複姓·亡名氏·緇流·女徒, 亦各類分焉.
> 一. 一人而分見諸門, 一事而分係諸人者, 不可疊床於彼此. 故於其首見者, 並錄其始終, 而隨其語意之所歸宿, 主着'互'字, 客着'詳'字, 以備參考.
> 一. 舊註或採『南北史』, 或括『東京事實』·『唐書』·『五代史』等書, 詳悉無遺, 而亦有傷煩之病. 故略加訂刪, 觀者詳之.
> 一. 舊本題目, 今宜刪去, 而姑取每題一字, 標印於章下, 以寓存古之意云.

『세설신어성휘운분』의 체재상 가장 큰 특징은 바로 "성씨로 편을 나누고 운으로 성을 나눈" 것이다. 구본 『세설』의 결점 가운데 하나로 종종 지적되는 것은 등장인물이 여러 편에 산재해 있어서 한 인물의 전체면모를 종합적으로 이해하기 어렵다는 것이었는데, 『세설신어성휘운분』은 등장인물을 성씨별로 재배치하고 해당고사를 각 인물별로 모아 기록함으로써, 바로 이러한 점을 효과적으로 해결하고자 한 것이다. 다만 '복성複姓'·'제왕帝王'·'규수閨秀'·'사문沙門'의 경우는 이러한 원칙에 따르지 않고 예외적으로 처리했다.

그 실제분류는 이 책의 목차에 해당하는 다음의 「세설신어 성휘운분목록」을 보면 잘 알 수 있다.

■ 卷之一: 〔東〕馮(三人) 种(一人) / 〔董〕董(四人) 孔(十七人) / 〔冬〕鍾(五人) 宗(六人) 龔(一人) / 〔宋〕宋(五人) / 〔江〕江(十人) 龐(二人) / 〔支〕脂(一人) 時(一人) 眭(一人) / 〔紙〕李(三十一人) 紀(一人) 史(一人) / 〔寘〕摯(二人) 費(一人) / 〔微〕韋(九人) 郗(六人)

■ 卷之二: 〔未〕魏(六人) / 〔魚〕徐(十人) / 〔語〕褚(六人) 呂(四人) 許(十人) / 〔虞〕虞(七人) 朱(十一人) 吳(四人) 蘇(九人) 盧(七人) 苻(一人) 胡(一人) 干(一人) 蒲(一人) 庾(二十人) 祖(六人) 杜(八人) 武(三人) 魯(一人)

■ 卷之三: 〔遇〕顧(十三人) 傅(五人) 喩(一人) 路(一人) / 〔齊〕齊(一人) 稽(一人) / 〔薺〕米(一人) 禰(一人) / 〔霽〕衛(五人) / 〔泰〕蔡(六人) 大(二人) / 〔灰〕裴(十三人) 崔(十一人) 來(一人) 雷(一人) 梅(一人) / 〔隊〕戴(六人) / 〔眞〕荀(十三人) 陳(二十一人) 秦(三人)

■ 卷之四: 〔軫〕閔(一人) / 〔文〕殷(八人) / 〔元〕元(三人) 袁(十五人) 孫(十人) 溫(三人) 源(一人) / 〔阮〕阮(十一人) / 〔寒〕韓(十一人) 單(一人)

■ 卷之五: 〔寒〕桓(十五人) 潘(六人) / 〔旱〕管(二人) 滿(一人) 段(一人) / 〔刪〕班(二人) 山(三人) 顏(四人) / 〔潸〕簡(一人) / 〔先〕權(一人) 全(一人) 邊(一人) 田(二人) 錢(二人) 員(一人) 圈(一人) / 〔霰〕卞(三人) / 〔蕭〕蕭(三人) 堯(一人) 姚(一人) 廖(一人) / 〔篠〕趙(十二人) / 〔肴〕包(一人) / 〔巧〕鮑(二人) / 〔豪〕高(九人) 曹(二人) 刁(一人) 陶(四人) 毛(一人) / 〔皓〕到(一人)

■ 卷之六: 〔歌〕和(二人) 何(十六人) 羅(四人) / 〔哿〕左(一人) / 〔箇〕賀(二人) / 〔麻〕華(一人) 車(一人) / 〔馬〕馬(五人) 賈(三人) / 〔禡〕

謝(三十六人) / 〔陽〕陽(一人) 揚(一人) 楊(十六人)

■ 卷之七: 〔陽〕張(三十九人) 方(一人) 羊(十四人) 梁(二人) 黃(四人) 房(一人) 姜(一人) 唐(一人) 光(一人) 康(二人) 王(二十八人)

■ 卷之八: 〔陽〕王(五十九人)

■ 卷之九: 〔陽〕王(二十五人) / 〔養〕蔣(二人) 向(一人) / 〔庚〕明(一人) 丁(四人) 成(一人) 京(一人) / 〔梗〕邴(一人) 井(一人) / 〔敬〕敬(一人) 孟(六人) 盛(一人) 鄭(九人) / 〔青〕邢(一人) / 〔徑〕鄧(六人) 應(一人) / 〔蒸〕滕(一人) 曾(一人) / 〔尤〕周(十八人) 劉(五人)

■ 卷之十: 〔尤〕劉(三十九人) 侯(三人) 牛(一人) 鄒(一人) 丘(一人) / 〔有〕柳(六人) / 〔宥〕寇(一人) 竇(三人) / 〔侵〕任(五人) 林(一人) 禽(一人) / 〔寢〕沈(三人) / 〔鹽〕閻(一人) 嚴(七人) / 〔豏〕范(十三人) 氾(一人) / 〔入〕郭(十一人) 郝(二人) 樂(一人)

■ 卷之十一: 〔入〕陸(十二人) 竺(一人) 狄(一人) 石(四人) 翟(一人) 沐(一人) 繆(一人) 穆(一人) 谷(一人) 伏(一人) 服(一人) 束(一人) 畢(一人) 薛(一人) 葛(二人) 習(一人) 聶(一人) 葉(二人) 白(一人) 索(一人) / 〔複姓〕諸葛(八人) 皇甫(二人) 胡毋(二人) 令狐(一人) 宇文(一人) 夏侯(五人) 太叔(一人) 公孫(一人) 仲長(一人) 歐陽(三人) 司空(一人) 司馬(九人) / 〔帝王〕漢(二) 魏(六) 吳(三) 晉(十三)

■ 卷之十二: 晉(五) 趙(二) 秦(一) 北燕(一) 劉宋(六) 齊(六) 梁(五) 陳(二) 北魏(二) 北齊(二) 隋(二) 唐(五) 後唐(一) 閩(一) / 閨秀(三十五女) 沙門(二十一人) 亡名氏(二人)

(〔 〕와 ( )표시는 필자가 첨가한 것임)

'운목韻目'을 기준으로 삼아 고사를 분류하는〔以韻隸事〕체재는 주로 유서類書에서 사용되었는데, 당나라 안진경顔眞卿의 『운해경원韻海鏡源』이 그 시초로 알려져 있으며, 송나라 음시부陰時夫의 『운부군옥韻府羣玉』을 거쳐 명나라 시대의 『영락대전永樂大典』〔明 永樂 6년(1408) 成書〕*까지 이어졌다.

또한 '운목'을 기준으로 삼아 성씨를 분류하고〔以韻隷姓〕 약간의 고사를 첨부하는 체재는 당나라 임보林寶의 『원화성찬元和姓纂』에서 일찍이 활용했으며, 송나라 등명세鄧名世의 『고금성씨서변증古今姓氏書辨證』 등을 거쳐 명나라 능적지凌迪知의 『만성통보萬姓統譜』까지 이어졌다.

> *『영락대전』은 "用韻以統字, 用字以繫事〔『御製永樂大典序』〕"의 편집체례를 갖추고 있다. 즉 운목에 따라 단자單字를 분별하고 각 단자 아래에 해당 단자의 음의音義·반절半切·해설解說·서체書體를 나열한 뒤, 해당 단자와 관련된 천문·지리·인사·명물 및 시문詩文·사곡詞曲 등 각 항의 기록을 분류 집록했다.

더 나아가 '운목'을 기준으로 성씨를 분류하고 '성씨'를 기준으로 고사를 분류하는〔以韻隷姓, 以姓隷事〕 체재를 활용한 것으로는 송나라 장정章定의 『명현씨족언행류고名賢氏族言行類稾』, 원나라 『배운증광사류씨족대전排韻增廣事類氏族大全』, 명나라 요용현廖用賢의 『상우록尙友錄』〔明 天啓年間(1621~1627) 成書〕* 등을 들 수 있다.

> *요용현이 편찬한 『상우록』 22권은 주진周秦부터 남송南宋까지 명인들의 언행을 "以韻爲綱, 以姓爲目"의 체재로 기록했는데, 역사전적에 비하여 열독하기에 편리하기 때문에 독자들이 즐겨 애독했으며 청나라시대까지 속편과 보편補編이 계속 나왔다.〔『四庫全書總目提要』, 「子部·類書類存目二」 참고〕

이 가운데『세설신어성휘운분』과 가장 비슷한 체재를 갖추고 있는 것은『상우록』이다. 그러나 기존에 전해지는 단일한 작품을 새롭게 편집하여 이러한 체재를 채택한 것은『세설신어성휘운분』이 처음이다. 이러한 체재는 그 자체로 일종의 검색역할을 겸하고 있으므로, 독자들에게 열독의 수월성을 제공하고 있다. 이로써『세설신어성휘운분』은 이제까지의『세설』판본과는 완전히 다른 체재를 갖춤으로써『세설』판본사상 새로운 장을 개척했다고 할 수 있다.

『세설신어성휘운분』의 체재상 또 다른 특징은 "맨처음 나온 사람에 대해서는 그 시말을 함께 기록한" 것이다. 즉 어떤 인물이 처음 등장했을 경우, 구본처럼 곧바로 고사를 수록하지 않고 해당 표제인물의 성명 밑에 간략한 약전略傳을 먼저 기록했다는 것이다. 그 예를 들어보면 다음과 같다.

> 【진】이충[자는 홍도이며 이중의 동생이다. 처음에 승상丞相(王導)의 교기실에 초징되었으나 집안이 가난하여 섬현의 현령을 구했다. 대저작과 중서랑에 전임되었다.] ○ 검 상 위전
>
> 【晉】李充(字弘度, 重弟也. 初辟丞相校記室, 以貧求剡縣. 遷大著作・中書郎) ○ 儉 評 衛展[卷一・〔紙〕韻・李充條]

이러한 체재는 독자들이 7백 명이 훨씬 넘는 등장인물에 대한 기본적인 정보를 효과적으로 습득함으로써, 본 고사를 이해하는 데 많은 도움을 주게 된다. 이러한 체재 역시『세설신어성

휘운분』에서 처음 시도된 것으로, 전체 등장인물과 내용을 보다 빠르고 정확하게 이해하는 데 매우 유용한 장치라고 할 수 있다.

"중심인물일 경우는 '호'자를 붙이고 부차적인 인물일 경우는 '상'자를 붙인" 것은 『세설신어성휘운분』의 체재상 매우 독특한 특징 가운데 하나이다. 그 구체적인 방법을 다음의 예문을 통해서 살펴보기로 한다.

【위】 종육〔자는 치숙이며 종요의 장자이다. 14살에 산기시랑이 되었다. 기민하고 담소하는 것에 아버지의 기풍이 있었다. 벼슬은 거기장군에 이르렀다.〕 ○ **밝 상** 하후현

 종육 형제가 어렸을 때, 아버지가 낮잠 자는 틈을 타서 함께 약주를 훔쳐 먹었다. 아버지는 이때 깨어 있었지만 잠든 척하고 이를 지켜보았다. 종육은 배례拜禮 한 뒤에 마셨으나 종회는 마시면서도 배례하지 않았다. 나중에 아버지가 종육에게 묻기를 "왜 배례했느냐?"라고 하자, 종육이 대답하기를 "술을 마시는 것은 그것으로써 예가 되기 때문에 감히 배례하지 않을 수 없었습니다"라고 했다. 또 종회에게 묻기를 "왜 배례하지 않았느냐?"라고 하자, 종회가 대답하기를 "훔치는 것은 본래 예가 아니기 때문에 배례하지 않았습니다"라고 했다. **열 호** 종회

　　【魏】 鍾毓(字稺叔, 繇長子. 年十四, 爲散騎侍郎, 機捷談笑, 有父風. 仕至車騎將軍.) ○ **方 計** 夏侯玄
　　鍾毓兄弟小時, 値父晝寢, 因共偸服藥酒. 其父時覺, 且託寐而觀之. 毓拜而後飮, 會飮而不拜. 旣而問毓: "何以拜?" 毓曰: "酒以成禮, 不敢不

拜." 又問會: "何以不拜?" 會曰: "偸本非禮, 所以不拜." **言**及鍾會〔卷一·〔冬〕韻·鍾毓條〕

위의 예문에서 **方**과 **言**은 『세설신어』의 「방정」편과 「언어」편을 뜻하며, **詳**夏侯玄'은 하후현과 함께 나오는 고사〔『세설신어』, 「방정」 제6조〕에서 종육이 부차적인 인물로 등장한다는 것을 뜻하고, **及**鍾會'는 종회와 함께 나오는 고사〔『세설신어』, 「언어」 제12조〕에서 종육이 중심인물로 등장한다는 것을 뜻한다. 이러한 '호'와 '상'의 방법은 표제인물을 그와 관련된 다른 인물과 상호 참조할 수 있도록 마련한 장치로서, 독자들이 한 인물이나 하나의 고사를 접했을 때 그것과 연계해서 적어도 두 명 이상의 정보를 함께 습득할 수 있는 매우 효과적인 체계라고 할 수 있다.

이러한 방법은 중국 전통목록학目錄學에서 사용하는 '호저互著'·'별재別裁'법*과 매우 유사한 면이 있다. 『세설신어성휘운분』은 일종의 목록학적인 분류체계를 도입함으로써, 비슷한 주제의 고사를 편목별로 나누어 집록하던 구본의 형식을 과감히 탈피하여 관련고사들을 유기적으로 연결하는 새로운 체재를 갖추었다.

❋ 중국 전통목록학에서 사용하는 '호저'법은 '일서양주一書兩注', 즉 동일한 책을 다른 유목類目에 분별 저록하는 방법이고, '별재'법은 어떤 책의 부분 장절을 절취하여 다른 유목에 따라 저록하는 방법이다. 한나라 반고班固의 『한서漢書』「예문지藝文志」에서 일찍이 '호견互見'의 방법을 채택한 뒤로, 원나라 마단림馬端臨의 『문헌통고文獻通考』「경적고經籍考」에서는 '호견'과 '참조參照'방법을 활용했고, 명나라 기

승박祁承樸의 『담생당장서약澹生堂藏書約』「경신정서약례庚申整書略例」에서는 '통通'과 '호互'방법을 활용했으며, 이러한 전대인의 기초 위에서 청나라 장학성章學誠은 이론상으로 깊이 탐구하여 '호저'와 '별재' 두 방법을 정립했다.〔李瑞良, 『中國目錄學史』(臺北:文津出版社, 1993), 282쪽〕『세설신어성휘운분』의 '호'·'상' 방법이 목록학상의 '호저'·'별재' 방법과 같은 것은 아니지만, 그 기능에 있어서 비슷한 측면이 있다.

『세설신어성휘운분』은 『세설신어보』를 재편집하는 과정에서 각 표제인물에 대한 주를 포함하여 전체 주의 상당부분을 수정하거나 삭제하여, 해당인물과 고사를 보다 깊이 이해하는 데 꼭 필요한 정보만 간추려 놓았다. 특히 『세설신어보』에서 보충한 고사에 대한 주는 대부분 전대의 사서에서 채록한 것으로, 『세설신어』의 유효표 주에 비하여 다소 번잡한 감이 있다.

『세설신어보』와 『세설신어성휘운분』의 국내 간행본을 기준으로 할 때, 둘 다 같은 크기의 활자로 반엽半葉 10행, 1행 18자로 되어 있는데, 『세설신어보』는 20권인데 반해 『세설신어성휘운분』은 12권이다. 물론 『세설신어성휘운분』이 각 권당 수록된 분량이 『세설신어보』보다 많기는 하지만, 그렇다고 하더라도 상당한 분량이 삭제되었음을 알 수 있다. 그 구체적인 예는 다음과 같다.

【보】 강종간〔『남사』 : 강혁의 막내아들이다. 종간은 젊어서부터 문재文才가 있었다. 하경용이 이부상서가 되었는데 학문은 보잘것없었으나 뇌물은 밝혔다. 강종간이 「채하조」를 지어 그를 풍자했는데 당시 사람들로부터 칭송을 받았다. 벼슬은 사도종사중랑에 이르렀다. 후경의 난 때 임약에게 살

해당했다]은 광록대부光祿大夫 강혁의 아들이다.[『양서』: 강혁은 자가 휴영이며 제양 고성 사람이다. 조부 강제지는 송의 금부랑이었으며, 부친 강유지는 제의 창부랑이었다. 강혁은 일찍부터 재사才思가 있어서 6살 때 바로 문장을 지었다. 벼슬은 광록대부에 이르렀다.] 젊었을 때 문재가 있었는데, 「채하조」를 지어 하경용을 풍자하기를 "연蓮을 가지고 기둥을 만들고자 하나, 연은 약하여 들보를 지탱하지 못하고, 연을 가지고 거울을 만들고자 하나, 연은 어두워 본래 빛이 없다네"라고 했다. 하경용은 깨닫지 못한 채 오직 그 뛰어남에만 탄복했다.

【補】江從簡(『南史』曰: 革少子. 從簡少有文才. 何敬容爲吏部尙書, 淺於學術, 通賄賂. 從簡作「採荷調」刺之, 爲時所賞. 官至司徒從事中郎. 侯景亂, 爲任約所害.)是光祿革子.(『梁書』曰: 革字休映, 濟陽考城人. 祖齊之, 宋金部郎. 父柔之, 齊倉部郎. 革早有才思, 六歲便屬文. 仕至光祿大夫) 少時有文情, 作「採荷調」, 以刺何敬容曰: "欲持荷作柱, 荷弱不勝梁. 欲持荷作鏡, 荷暗本無光." 敬容不覺, 唯歎其工.[『世說新語補』卷十九「輕詆下」]

【梁】江從簡(革子. 少有文才. 何敬容爲吏部尙書, 淺於學術, 通賄賂. 從簡作「採荷調」刺之, 爲時所賞. 官至司徒從事中郎. 侯景亂, 爲任約所害.)

江從簡是光祿革子. 少時有文情, 作「採荷調」, 以刺何敬容曰: "欲持荷作柱, 荷弱不勝梁. 欲持荷作鏡, 荷暗本無光." 敬容不覺, 惟歎其工. 排互何敬容.[『世說新語姓彙韻分』卷一・〔江〕韻・江從簡條]

위의 두 예문을 비교해 보면, 『세설신어성휘운분』에서 강종간에 대한 주는 몇 글자만 빠져 있지만, 그의 부친 강혁에 대한 주는 완전히 삭제되어 있다. 이렇듯 『세설신어성휘운분』은 본 고사와 직접 관련이 없다고 판단되는 것을 과감히 삭제하여 전체적으로 간결함을 견지하고자 했음을 알 수 있다.

『세설신어성휘운분』은 각 조의 말미에 구본 편목의 첫 글자를 음각으로 표시하여, 해당고사가 본래 구본의 어떤 편에 속해 있었는지를 밝혀놓았다. 이러한 체재는 이미 해체되어 재편집된 상태에서도 필요한 경우 언제든지 구본과의 대조를 용이하게 해 주는 또 다른 유용한 장치라고 할 수 있다.

그밖에 「범례」에서는 밝히지 않은 사항이지만, 각 표제인물 바로 위 상란에 해당인물이 속한 조대朝代를 표기하여 등장인물의 시대별 구분까지 해놓음으로써, 독자들은 해당인물이나 고사의 시대를 보다 쉽게 파악할 수 있다. 이러한 체재 역시 독자들에게는 매우 필요하고 유용한 장치임에 틀림없다.

한편『세설신어보』에서 유의경 원서에 수록된 고사와 나중에 보충한 고사를 구분하기 위해 사용했던 '보'표기를『세설신어성휘운분』에서도 활용했더라면, 또 하나의 유용한 체재를 갖출 수 있었을 것이라는 아쉬움이 남는다.

『세설신어성휘운분』에 등장하는 표제인물은 총 761명이고, 수록된 고사는 총 1,373조이며, 그 시대범위는 진秦나라 말에서 원나라 초까지 약 1,500년에 이른다.

우선 표제인물과 고사의 시대별 분포를 살펴보면, 진晉나라의 인물과 고사가 각각 전체의 40%와 60%에 가까운 양상을 보인다. 이러한 양상은『세설신어성휘운분』에 수록된 인물과 고사의 시대범위가『세설신어』원서의 300년에 비해 약 5배 정도 확대되었지만, 그 중심시대는 여전히 청담과 인물품평이 극성했던 진나라 시대라는 사실을 보여주고 있다.

다음으로 표제인물에 있어 「세설신어성휘운분목록」 상에 있는 일반성씨와 복성·제왕·규수·사문·무명씨의 총수는 1,105명이지만, 필자가 확인한 바에 따르면, 실제 수록된 표제인물은 총 761명이다. 「목록」상의 성씨수와 실제작품에서의 인명수가 다른 원인에 대해서는 정확히 알 수가 없다. 필자의 판단으로는 아마도 「목록」을 먼저 작성해 놓았다가 나중에 본문 편집작업을 하면서 원래 수록하려고 했던 인물 가운데 340여 명을 삭제했지만, 그 뒤 간행할 때 「목록」을 미처 수정하지 못했을 것이라고 추측된다.

다음으로 고사의 수록양상을 살펴보면, 정식고사는 1,373조이고, 인명만 있고 고사가 없는 경우는 47조인데, 이를 합하면 총 1,420조가 된다. 이 숫자는 『세설신어성휘운분』의 저본이 되는 『세설신어보』보다 6조가 적다. 수록된 전체고사는 기본적으로 『세설신어보』와 같기 때문에 내용상 특별히 다른 점은 없다. 다만 권5〔완阮〕운의 '완간阮衎'조*는 지괴적志怪的인 성분이 농후하므로 진정한 지인고사로 간주할 수 없다. 물론 이 고사는 『세설신어보』에 보충된 고사로 수록되어 있으므로〔『세설신어보』 권7, 「아량상」〕 『세설신어성휘운분』만의 잘못이라고 할 수는 없지만, 재편집하는 과정에서 마땅히 삭제되었어야 한다고 생각된다.

* 【魏】阮衎(字德如, 共子也. 有俊才. 仕至河內太守)

阮德如嘗於厠見鬼, 長丈餘, 色黑而眼大, 着皂單衣·平上幘, 去之咫尺. 德如心定, 徐笑語之曰:"人言鬼可憎, 果然!"鬼赧䰄而退. 雅

　　『세설신어성휘운분』의 '세설학世說學'상 의의는 다음의 몇 가지로 정리할 수 있다.

　　첫째,『세설신어성휘운분』은 다양한 검색기능을 겸비한 전혀 새로운 체재를 창출했다.『세설신어성휘운분』은 우선 성씨별로 검색이 가능하고 시대별 구분이 분명할 뿐만 아니라 표제 인물에 대한 기초정보를 손쉽게 습득할 수 있으며 각 인물과 고사들을 상호참조 할 수 있는 등 매우 유용한 체재를 갖추고 있다. 물론 이러한 체재로 인해『세설신어』이후 수많은 속서에서 지향했던 주제별 편목분류라는『세설』의 독특한 전통이 실종되었다고 비판받을 수도 있다. 그러나『세설신어성휘운분』이 이러한 전혀 새로운 체재를 시도한 것은 다른 맥락에서 이해할 수도 있다. 그것은 다름 아닌 열독의 수월성을 위한 것이었다. 기존의 편목분류체재로는 1,500년 동안 역사상에 실존했던 7백여 명사들의 일화를 체계적으로 파악하기란 그리 쉬운 일이 아니다. 더구나 외국인의 입장에 있던 당시 국내독자들에게는 더욱 쉽지 않은 일이었을 것이다.『세설신어성휘운분』은 바로 이러한 점을 타개하기 위하여『세설신어보』를 완전히 해체하여 독자들이 보다 유용하고 효과적이고 편리하게 내용을 습득할 수 있도록 재편집했던 것이다. 이로써『세설신어성휘운분』은 '세설학'상 독창적인 체재를 갖춘 귀중한 판본으로 자리매김하기에 충분하다고 판단된다.

둘째, 『세설신어성휘운분』은 『세설신어보』와 함께 국내에서 고활자로 간행된 매우 드문 필기저작 판본이다. 물론 『세설신어보』는 현종실록자라는 금속활자본이고 『세설신어성휘운분』은 현종실록자체를 본뜬 목활자본이라는 점에서는 다르지만, 둘 다 고활자로 간행되었다는 점에 주목할 필요가 있다. 『세설신어보』와 『세설신어성휘운분』이 간행되었을 것이라고 추정되는 숙종 말에서 영조연간에는 활자로 간행된 필기저작은 거의 찾아볼 수 없다. 유독 이 두 책만 활자로 간행되었던 이유는 『세설』에 대한 당시 지식인들의 인식차이에서 비롯된 것이라고 생각된다. 즉 『세설』을 다른 일반 필기저작과 같은 차원에서 논하지 않고 문인학사들이 반드시 읽어야 할 중요한 교양서로 인식했던 것이라 할 수 있다. 이러한 인식경향은 앞에서 인용한 바 있는 영조 때의 이의현과 정조 자신의 분명한 언급에서 확인할 수 있다. 그렇기 때문에 국가의 주요 전적간행에 주로 사용했던 현종실록자와 그것을 본뜬 목활자로 이 두 책을 간행했던 것이다. 따라서 결과적으로 우리는 필기저작임에도 불구하고 고활자로 간행된 귀중한 판본을 갖게 되었다. 이는 전체 '세설학'에 있어서 우리나라 판본의 위상을 높이는 데 매우 긍정적인 작용을 하는 중요한 단서라고 판단된다.

셋째, 『세설신어성휘운분』은 조선시대 지식인들의 『세설』

에 대한 애호와 연구의 결실이다. 일본의 경우는 『세설신어』가 800년대 말에 분명히 전래되었다는 기록이 있으며, 헤이안平安시대와 에도江戶시대를 거치면서 많은 연구서와 모방작들이 간행된 바 있다.*

* 일본은 헤이안시대(782~1190)인 890년경에 편찬된 『일본국현재서목日本國見在書目』에 『세설신어』가 기록되어 있으며 에도시대(1603~1868)에는 『세설신어』와 『세설신어보』의 화각본和刻本과 함께 『세설신어보휴世說新語補觿』(1749)・『세설신어보고世說新語補考』(1762)・『세설초촬世說抄撮』(1763)・『세설초촬보』(1772)・『세설신어보색해世說新語補索解』(1773)・『세설오자오독정정世說誤字誤讀訂正』(1774)・『세설신어보계보世說新語補系譜』(1785)・『세설초촬집성世說抄撮集成』(1794)・『세설광류世說匡謬』(1810)・『세설계미世說啓微』(1815)・『세설음석世說音釋』(1816)・『세설강의世說講義』(1816)・『세설전본世說箋本』(1826) 등의 연구서와 『대동세어大同世語』(1750)・『가명세설假名世說』(1824) 등의 모방작들이 간행되었다. 〔王能憲, 『世說新語硏究』(江蘇古籍出版社, 1992), 附錄 「『世說新語』在日本的流傳與硏究」 참고〕

그러나 우리나라의 경우는 단지 최치원의 시구를 통해서 『세설신어』가 통일신라시대 말기에 국내에 전래되었을 것이라는 이른바 '고증孤證' 밖에 없으며, 고려시대와 조선시대를 거치면서 많은 문인학자들이 애독하고 그들의 문집에 수용하긴 했지만, 『세설』 자체에 대해 새로운 주석이나 고증 등을 하여 책으로 엮어 낸 것은 아직까지 발견되지 않고 있다.*

* 한편 조선시대에는 『세설신어』에 대한 면밀한 검토를 통해 그 정수를 가려뽑아 편집한 『세설신어류초世說新語類抄』〔肅宗年間 朴銑 篇〕・『세설초世說抄』〔寫年未詳, 兪鎭贊 篇〕・『세설신어초』〔寫年未詳, 篇者未詳〕・『세설철영世說掇英』〔寫年未詳, 編者未詳〕 등의 필사본이 나온 바 있다. 이런 초록

본들은 연구서의 수준에는 미치지 못하지만, 고사를 선별할 때 상당부분 편자 자신의 주관적인 견해와 이해역량이 개입될 수밖에 없으므로, 넓은 의미에서 연구작업의 범주에 포함시킬 수도 있을 것이다.

이러한 상황에서 『세설신어성휘운분』은 비록 연구서는 아니라 할지라도 그것의 간행의도, 편집체재, 부분적인 고사의 취사선택, 주문注文의 산정刪定 등을 살펴볼 때, 연구서에 못지 않은 가치와 의의를 지니고 있다. 따라서 『세설신어성휘운분』은 '세설학'에 있어서 새로운 연구대상이 되기에 충분하다고 판단된다.

맺음말

　사실 『세설신어』는 일반독자들이 이해하기에 그리 녹녹한 책이 아니다. 그 짧은 언담들 속에 담겨 있는 철학적인 사고의 깊이와 숨 가쁜 역사의 호흡을 비롯하여, 곳곳에 숨어 있는 비유와 암시, 유머와 기지, 조롱과 독설, 함축적이고 추상적인 품평어, 그리고 무엇보다도 등장인물 내면의 심리상태 등등을 제대로 파악해야 하기 때문이다. 하지만『세설신어』에 담겨 있는 다양한 인물묘사 수법과 문학적으로 형상화된 언어기교는 오늘날에도 여전히 유효하다. 특히 어느 때보다도 가볍고 얕은 언사가 난무하고 있는 지금의 우리 사회에서『세설신어』는 진정으로 품위있는 말과 멋있는 말이 무엇인지를 가르쳐 주고 우리의 사유수준을 한층 높여줄 것이다. 이런 의미에서 이윤기의 다음과 같은 평가는 참으로 적절하다 하겠다.

　나는 산중의『육조단경六祖壇經』에 견주어질 세속의 한 책이 바로 이『세설신어』라고 생각한다. 이야기 하나 하나가 촌철살인의 붓끝에서 핀 꽃송이 같다. 문자 그대로 '소설小說'의 활화석活化石 같다. 무수한 책이 쏟아져 똥 무더기처럼 쌓이는 이 시대에, 짧은 이야기가 실린 긴 『세설신어』는 그 자체가 혹독한 꾸짖음이다. 글 팔아먹고 사는 자들의 어깨 위로 떨어지는 5세기 찰중의 죽비다. 내가 밤참 먹듯이 아껴가면서 읽는 이 『세설신어』의 깊은 생각과 검박한 말 쓰임새가 우리 문학에 편입되었으면 참 좋겠다.〔『무지개와 프리즘』〕

부록

참고문헌
찾아보기

참고문헌

劉義慶(劉宋) 撰, 劉孝標(梁代) 注, 『世說新語』(思賢講舍本), 上海: 上海古籍出版社 影印(1982).
王世貞(明代), 『世說新語補』, 國立中央圖書館所藏本.
_____, 『世說新語補』, 延世大圖書館所藏本.
無名氏(朝鮮), 『世說新語姓彙韻分』, 延世大圖書館所藏本.
何良俊(明代), 『(何氏)語林』(四庫全書本), 上海: 上海古籍出版社 影印(1983).
李奎報(高麗), 『東國李相國集』(전6책)〔古典國譯叢書166~171〕, 民族文化推進會(1981).
車天輅(朝鮮), 『五山說林』〔韓國詩話叢編2〕, 太學社 影印(1996).
紀　昀(淸代), 『四庫全書總目提要』, 臺北: 商務印書館 排印(1985).

金甲起 譯注(1983), 『羅麗漢詩選(三韓詩龜鑑)』, 二友出版社(1983).
金長煥(1992), 『魏晉南北朝 志人小說 硏究』, 延世大學校 博士論文.
_____ 譯注(1996~2000), 『世說新語』(전3책), 살림출판사.
_____(1999), 「世說新語의 國內 流傳狀況과 硏究槪況」, 『東方學志』 제104집, 355~387쪽.
_____(2000), 「韓國 古活字本 世說新語姓彙韻分 硏究」, 『中國語文學論集』, 제13호, 403~424쪽.
_____(2001), 「世說新語 續書 硏究: 世說新語補」, 『中國語文學論集』 제16호, 77~96쪽.
_____(2003), 「世說新語 번역: 그 '傳神'의 어려움」, 『中國語文學論集』 제22호, 645~666쪽.
魯　迅(1924), 『中國小說史略』(魯迅全集 제9권), 北京: 人民文學出版社(1981).
_____(1925), 『中國小說的歷史的變遷』(魯迅全集 제9권), 北京: 人民文學

    出版社(1981).
寧稼雨(1991),『中國志人小說史』, 瀋陽: 遼寧人民出版社.
閔寬東(1994),『中國古典小說流傳韓國之硏究』, 臺北: 文化大學 中文硏究所
    博士論文.
朴晟義(1980),『韓國文學背景硏究』(上下), 二友出版社.
范子燁(1998),『世說新語研究』, 哈爾濱: 黑龍江敎育出版社.
王能憲(1992),『世說新語硏究』, 南京: 江蘇古籍出版社.
劉葉秋(1980),『歷代筆記槪述』, 北京: 中華書局.
李能雨(1980),『古小說硏究』, 서울: 二友出版社.
李在秀(1956),「韓國小說 發達段階에 있어서 中國小說의 影響」,『慶北大
    論文集』제1집.
陳洪・黃菊仲 注(1999),『續世說新語』(何氏語林)(전2책), 天津: 天津人民
    出版社.

찾아보기
〔인명·책명〕

㈀

『가명세설假名世說』 241
가충賈充 199-200
간문제簡文帝→司馬昱
간보干寶 215
감단순邯鄲淳 214
강승연康僧淵 158
강왕康王→劉義慶
강유지江柔之 236
강제지江齊之 236
강종간江從簡 235-236
『강좌명사전江左名士傳』 18
강혁江革 235 236
견후甄后 199
경도敬道 38
경제景帝→司馬師
『계서야담溪西野談』 221
고개지顧愷之 94 166-167 181
『고금성씨서변증古今姓氏書辨證』 231
고기원顧起元 19
『고려사高麗史』 208 211 215
고병高騈 206

고사손高似孫 24 33-35
『고사전高士傳』 215
고소顧邵 118
고야왕顧野王 20 25
고언선顧彦先→顧榮
고열顧悅 92
고영顧榮 156
고옹顧雍 118
고장강顧長康→顧愷之
고종高宗 25
고화顧和 41 138
『골계전滑稽傳』 221
공구孔丘 40 51 88 97
공문거孔文擧→孔融
『공사문견록公私聞見錄』 221
공손도公孫度 126
공융孔融 51-52 82 88-89
공자孔子→孔丘
공제恭帝 16
공평중孔平仲 74
곽박郭璞 163-164
곽상郭象 60 128
곽예郭豫 212

『곽자郭子』 61 214
곽자현郭子玄→郭象
곽징지郭澄之 214
곽태녕郭泰寧→郭豫
관녕管寧 83-84
교현喬玄 122-123
『구당서舊唐書』 21 215
『국립중앙도서관고서목록』 227
『군재독서지郡齋讀書志』 24 30
『금세설今世說』 75
『기문총화紀聞叢話』 221
기승박祁承㸁 234
기윤紀昀 9 19 35 63
김춘추金春秋 208

ⓝ

나진옥羅振玉 19 25
남군南郡 38
『남북사속세설南北史續世說』 74
『남사南史』 19-20 228 235-236
『남오구화록南吳舊話錄』 75
노신魯迅 9 30 35-38 46 70 82
노육盧毓 114
노자老子→李耳
『노자老子』 11 129
노장老莊 105
노정盧珽 114
노지盧志 111 114
『논어論語』 18-19 40 77
누호婁護 212

능몽초凌濛初 27 29
능적지凌迪知 231

ⓒ

단성식段成式 22 24
단씨檀氏 15
『담생당장서약澹生堂藏書約』 235
『당사본세설신서잔권唐寫本世說新書殘卷』 25 28
『당서唐書』 228
『당어림唐語林』 74
대규戴逵 174-175
『대당신어大唐新語』 74
『대동기담大東奇談』 221
『대동세어大同世語』 241
대안도戴安道→戴逵
도간陶侃 99 162 188
『도곡집陶谷集』 219
도공陶公→陶侃
『도덕경道德經』 58 108
『독서부지讀書附志』 24
『동경사실東京事實』 228
『동관여론東觀餘論』 19 23
『동국이상국집東國李相國集』 13 213
동분董汾 25-29
동아왕東阿王→曹植
두씨杜氏 113
두예杜乂 151
두홍치杜弘治→杜乂
두황후竇皇后 78

등명세鄧名世 231

(ㅁ)

마단림馬端臨 234
만분滿奮 91
『만성통보萬姓統譜』 231
맹창孟昶 154
맹호연孟浩然 218
『명세설신어明世說新語』 74
『명어림明語林』 75
명제明帝(宋) 30
명제明帝→司馬紹
명제明帝→曹叡
명종明宗 210
『명현씨족언행류고名賢氏族言行類槀』 231
모백성毛伯成→毛玄
모현毛玄 95
무염無鹽 181-182
무제武帝(宋) 16
무제武帝(梁) 31-32
무제武帝(齊) 31
무제武帝→司馬炎
무제武帝→曹操
『무지개와 프리즘』 244
『문선文選』 18 215
『문선주文選注』 13 35
문왕文王(周) 98
문왕文王→司馬昭
문제文帝(宋) 16-17

문제文帝→司馬昭
문제文帝→曹丕
『문헌통고文獻通考』 234
민관동閔寬東 215
민제愍帝 12

(ㅂ)

바성익朴晟義 214-215
반고班固 18 234
반악潘岳 110 148 150
반양중潘陽仲 122
배경성裴景聲→裴邈
배계裴啓 214 216
배막裴邈 120
배송지裴松之 13 35
『배운증광사류씨족대전排韻增廣事類氏族大全』 231
배휘裴徽 103
백양伯陽→李耳
『백운소설白雲小說』 211 214
범계范啓 110 180
범선范宣 86
범엽范曄 215
범영기范榮期→范啓
법강도인法岡道人 60
변국卞鞠→卞範之
변망지卞望之→卞壼
변범지卞範之→ 162
변호卞壼 133
병원邴原 126

『보한집補閑集』 211 214
복도伏滔 169
부견苻堅 69 154
부석임傅錫壬 19
『북사北史』 228

(ㅅ)

사각師覺 17
사거기謝車騎→謝玄
『사고전서간명목록四庫全書簡明目錄』 57
『사고전서총목제요四庫全書總目提要』 9 19 30 35 231
『사고제요변증四庫提要辨證』 19
사곤謝鯤 133
『사기史記』 215
사랑謝朗 93
사마경왕司馬景王→司馬師
사마도자司馬道子 203
사마사司馬師 56 196
사마소司馬紹 133 143 163-164
사마소司馬昭 85 119 196
사마씨司馬氏 78
사마염司馬炎 56 91 113 136 189-191 200
사마예司馬睿 143
사마요司馬曜 68 169 194
사마욱司馬昱 58 92 100 107 180 196
사마의司馬懿 56
사마태부司馬太傅→司馬道子

사무혁謝無奕→謝奕
『사본론四本論』 102 106
사석謝石 69
사안謝安 53-54 58 64 66 68-69 92-93 95 114 129 134 175
『사통史通』 21-22 34 63
『사통통석史通通釋』 21
사혁謝奕 93
사현謝玄 68-69 95 123
사호아謝胡兒→謝朗
산거원山巨源→山濤
산공山公→山濤
산도山濤 126 150 158 178
『삼국사기三國史記』 208
『삼국지三國志』 122 215
『삼국지주三國志注』 13 35
『삼한시귀감三韓詩龜鑑』 206
상수向秀 60
『상우록尙友錄』 231-232
상웅向雄 113
상자기向子期→向秀
서거정徐居正 221
서경西坰→柳根
『서경書經』 100
서자西子 181-182
『서주선현전徐州先賢傳』 18
석륵石勒 12
석숭石崇 55 56 190-191
선왕宣王→司馬懿
선조宣祖 217

선종宣宗 214-215
『선험기宣驗記』 18 36
『설략說略』 19
『설원說苑』 19 66
『설화록舌話錄』 74
섭덕휘葉德輝 33
『성수총화醒睡叢話』 221
『세설강의世說講義』 241
『세설계미世說啓微』 241
『세설광류世說匡謬』 241
『세설서록世說紋錄』 20 24 26 30 33
『세설世說』 9 18-25 27 38-39 209 212 218-219 232 239-241
『세설신서世說新書』 19-25
『세설신어고증世說新語攷證』 28
『세설신어교전世說新語校牋』 40
『세설신어류초世說新語類抄』 241
『세설신어보계보世說新語補系譜』 241
『세설신어보고世說新語補考』 241
『세설신어보색해世說新語補索解』 241
『세설신어보世說新語補』 74 208-209 212-217 220 222-225 227 235-241
『세설신어보휴世說新語補觿』 241
『세설신어성휘운분世說新語姓彙韻分』 224-228 232-240 242
『세설신어世說新語』 9-26 29-30 32 35-36 39-40 42-43 46-47 50-51 54- 57 61-66 68 70-77 80-81 101 143 146 160 205 207 209 211 213-219 220-223 225 234 235 237 239 241 243-244
『세설신어연구世說新語硏究』 209 241
『세설신어일문世說新語佚文』 28
『세설신어주世說新語注』 13 32
『세설신어주인용서목世說新語注引用書目』 28 33
『세설신어초世說新語抄』 241
『세설오자오독정정世說誤字誤讀訂正』 241
『세설음석世說音釋』 241
『세설전본世說箋本』 241
『세설주소인서목世說注所引書目』 33
『세설철영世說掇英』 241
『세설초世說抄』 241
『세설초찰世說抄撮』 241
『세설초찰집성世說抄撮集成』 241
세종世宗 27
『소림笑林』 54 214
『소설小說』 18
소수蕭秀 31
『소실산방필총少室山房筆叢』 9 63
소준蘇峻 12 188
『속설俗說』 214
『속세설續世說』 20-21 74
『속세설신서續世說新書』 22 74
손등孫登 157
손성孫盛 58-59 102 105 215
손안국孫安國→孫盛
손은孫恩 87
손자형孫子荊→孫楚

손작孫綽　110
손초孫楚　109　179
손호孫皓　136
손흥공孫興公→孫綽
『송서宋書』　15　37-38
『송천필담松泉筆談』　221
『수경주水經注』　13　35
『수서隋書』　19-21　32　209
『수신기搜神記』　215
『수초당서목邃初堂書目』　24
숙종肅宗　224　240
순거백荀巨伯　50
순찬荀粲　199
습기襲斬　17
승가제파僧伽提婆　60
『승세설僧世說』　75
『시경詩經』　40
『신당서新唐書』　22
『신서新序』　19　66
『신세설新世說』　75
심가본沈家本　33
심약沈約　214
심재沈㴁　221

◎

아미阿彌→王僧彌
『아비담阿毗曇』　60-61
『아세설兒世說』　75
아평阿平→王澄
악광樂廣　41　103-104　127　182

악령樂令→樂廣
악의樂毅　182
안수晏殊　25
안원헌晏元獻　24
안제安帝　15
안종교顔從喬　75
안진경顔眞卿　231
『양서梁書』　236
양수楊脩　139　140
양용楊勇　19-20　39-40
양용수楊用修　27
양유추梁維樞　74
『어림語林』　61　214　216
『어우야담於于野談』　221
엄형嚴蘅　75
여가석余嘉錫　19
『여세설女世說』　75
여안呂安　82
『역경易經』　11　59
역도원酈道元　13　35
『역옹패설櫟翁稗說』　211　214
역종기易宗夔　75
연릉延陵　118
『열녀전송도列女傳頌圖』　19
『영락대전永樂大典』　231
영보靈寶　38
영제靈帝　78
영조英祖　218　227
『예기禮記』　40
『오대사五代史』　228

오도조吳道助 47
『오산설림五山說林』 217
오세재吳世才 210 213
오숙공吳肅公 75
『옥검존문玉劍尊聞』 74
『옥당총어玉堂叢語』 74
『옥편玉篇』 215
온공溫公→溫嶠
온교溫嶠 183-185
완간阮侃 160 238
완공阮共 160
완광록阮光祿→阮裕
완덕여阮德如→阮侃
완보병阮步兵→阮籍
완부阮孚 120
완사종阮嗣宗→阮籍
완선자阮宣子→阮脩
완수阮脩 104-105
완요집阮遙集→阮孚
완위위阮衛尉→阮共
완유阮裕 85
완적阮籍 81 85 157 170 173 178
완함阮咸 163
왕개王愷 56 191
왕건무王建武→王忱
왕경王經 50
왕공王恭 126 130 154 202
왕광록王光祿→王蘊
왕국보王國寶 194 197 198
왕능헌王能憲 209 241

왕당王謐 74
왕대王大→王忱
왕대장군王大將軍→王敦
왕도王導 41-42 55-56 97-98 111 115
　121 124 138 199
왕돈王敦 12 22 24 55 122 131-132
　146-147 190 197
왕동정王東亭→王珣
왕람전王藍田→王述
왕륜王倫 53
왕리기王利器 19
왕모王母 50
왕몽王濛 58 100 129 151
왕무자王武子→王濟
왕문도王文度→王坦之
왕미王彌 12
왕방경王方慶 22 74
왕보사王輔嗣→王弼
왕상王祥 47 84
왕선겸王先謙 27-28
왕세무王世懋 27 29
왕세정王世貞 27 74 216-217
왕수王綏 47
왕순王珣 60 169 194
왕술王述 67 111 116 129 192
왕승미王僧彌 60-61
왕승王承 98 192
왕승상王丞相→王導
왕아王雅 194
왕안기王安期→王承

왕안풍王安豊→王戎
왕연王衍　104-105　111　115　120　128
　　132　137　212
왕열王悅　47
왕온王蘊　65
왕우군王右軍→王羲之
왕원미王元美　27
왕융王戎　47　70　126　178-179　187-
　　188　199　201
왕응지王凝之　93
왕이王姨　212
왕이보王夷甫→王衍
왕일소王逸少→王羲之
왕자경王子敬→王獻之
왕자유王子猷→王徽之
왕자중王子重→王操之
왕장사王長史→王濛
왕제王濟　52-53　56　109　163　179　190
　　218
왕조汪藻　20　24　26　30　33
왕조지王操之　134
왕중랑王中郞→王坦之
왕중선王仲宣→王粲
왕중지王仲至　24
왕징王澄　40　65　132
왕찬王粲　156
왕처중王處仲→王敦
왕침王忱　126　130　198
왕탁王晫　75
왕탄지王坦之　116　167　180

왕태위王太尉→王衍
왕평자王平子→王澄
왕필王弼　11　103
왕헌지王獻之　94　131　134
왕혼王渾　52-53
왕황문王黃門→王徽之
왕효백王孝伯→王恭
왕휘지王徽之　92　117　121　132　134
　　151　174　176　182　192
요용현廖用賢　231
요종이饒宗頤　39-40
요홍姚泓　15
우무尤袤　24
『운부군옥韻府羣玉』　231
『운해경원韻海鏡源』　231
원경袁裦　27-29　223
원공遠公→慧遠
원부군袁府君→袁山松
원산송袁山松　87
원숙袁淑　17　37-38
원열袁悅　130
원제元帝→司馬睿
원준袁準　119
『원화성찬元和姓纂』　231
원효니袁孝尼→袁準
위개衛玠　103-105　148　151
위관衛瓘　127　137
『위략緯略』　24　33-35
위백옥衛伯玉→衛瓘
위시어韋侍御　217

부록 257

위전衛展 232
유곤劉琨 185
유공庾公→庾亮
유근柳根 219
유담劉惔 59 64 71-72 100 107 123 125 129
유도규劉道規 15-16
유도련劉道憐 15-16
유량庾亮 91-92 124 128 132-133 157 182 188 218
유령劉伶 171-172 178 207
『유명록幽明錄』 18 36
유몽인柳夢寅 221
유문강庾文康→庾亮
유소劉劭 66
유숙劉肅 74
유식庾寔 17
유실劉實 31
유씨劉氏 184
유애庾敱 111 115 132
『유양잡조酉陽雜俎』 22
유연劉淵 12
『유원類苑』 31-32
유원규庾元規→庾亮
유월석劉越石→劉琨
유유劉裕 15-16
유윤劉尹→劉惔
유응등劉應登 27
유의경劉義慶 9 15-21 25 33-37 39-43 57 63 81 209 216-217 219 237

유익庾翼 128 218
유자숭庾子嵩→庾敱
유준劉峻→劉孝標
유중랑庾中郎→庾敱
유지기劉知幾 34 63
유진옹劉辰翁 26-28
유진장劉眞長→劉惔
유종劉聰 12 185
유치공庾稚恭→庾翼
유태위庾太尉→庾亮
유하내劉河內→劉淮
유향劉向 18-19 66
유회劉淮 113
유효경劉孝慶 31
유효표劉孝標 13 20-21 25-26 30-35
『유효표집劉孝標集』 32
육개陸凱 136
『육기연련주주陸機演連珠注』 32
육기陸機 49 62 110-111 114 136 153 218
육내사陸內史 218
육사룡陸士龍→陸雲
육사형陸士衡→陸機
육손陸孫 114
육심陸深 21
육완陸玩 111 116
육운陸雲 49 62 114 153
육유陸游 26-29
육전陸展 17 37-38
『육조단경六祖壇經』 243

육창陸暢 24
육청하陸淸河→陸雲
육태위陸太尉→陸玩
육평원陸平原→陸機
육항陸抗 114
은부인殷婦人 145
은중감殷仲堪 58 108
은중군殷中軍→殷浩
은중문殷仲文 96
은호殷浩 58 71-72 106-108 163-164 187
음시부陰時夫 231
『의경집義慶集』 18
의종毅宗 210
이고李高 210
이규보李奎報 13 210-212 214
이능우李能雨 215
이담지李湛之 210 213
이륙二陸→陸機·陸雲
이방李昉 23
이백李白 217
이부군李府君→李膺
이서량李瑞良 235
이선李善 13 35
이세李勢 125 147
이소문李紹文 74
이양李陽 212
이연시李延昰 75
이원례李元禮→李膺
이윤기 243

이응李膺 51-52 82 88
이의방李義方 210
이의현李宜顯 219 240
이이李耳 51 88 103
이인로李仁老 210-214
이자의李資義 215
이재수李在秀 214
이제신李濟臣 221
이제현李齊賢 211 214
이중李重 232
이청李淸 75
이충李充 232
이함李涵 212
이황李滉 219
이후李垕 74
이희李喜 56
이희준李羲準 221
익양공翼陽公→明宗
『인물지人物志』 66
『일본국현재서목日本國見在書目』 209 241
임공林公→支遁
임보林寶 231
임약任約 235
임천臨川→劉義慶
임춘林椿 210 213

ⓒ

『자림字林』 215
『자통字統』 215

장계응張季鷹→張翰
장무공章撫功　75
장문주張文柱　223
장사왕長沙王　16
장인미張仁美　27
장자莊子　11 60 103
장정章定　231
장지상張之象　21
장학성章學誠　235
장한張翰　156 173 218
저계야褚季野→褚裒
저부褚裒　101 105 128
전문희錢文僖　24
『전서典敍』　18
『전인典引』　18
정대륜鄭戴崙　221
정조正祖　9 220 240
정중부鄭仲夫　210 214
정철鄭澈　219
제갈근諸葛瑾　131
제갈도명諸葛道明→諸葛恢
제갈량諸葛亮　131
제갈탄諸葛誕　131
제갈회諸葛恢　124
제파提婆→僧伽提婆
조공曹公→曹操
조공무晁公武　24 30
조문원晁文元→晁迥
조비曹丕　109 140 156
조사소祖士少→祖約

조식曹植　109 139
조신曹臣　74
조아曹娥　140
조약祖約　120
조예曹叡　167
조유趙蕤　75
조조曹操　78-79 122-123 139-140 146-147 140 183-184 199
조통趙通　210 213
조형晁迥　24
조희변趙希弁　24
종사계鍾士季→鍾會
종씨鍾氏　52-53
종요鍾繇　233
종육鍾毓　90 233-234
종회鍾會　90 102 176 233-234
좌사左思　150 174
좌태충左太沖→左思
주공周公　97
주백인周伯仁→周顗
주복周馥　147
주부인朱夫人　47 84
주소周邵　158
주심여周心如　27 28
『주역周易』　134
주의周顗　41 64 91 173 182
주지번朱之蕃　219-220
주처周處　48-49 62 152-153
주후周侯→周顗
죽림칠현竹林七賢　45 170 187 210

213-214
『중국목록학사中國目錄學史』 235
『중국소설사략中國小說史略』 9 30 35 37-38
중니仲尼→孔丘
『증보문헌비고增補文獻備考』 214
지공支公→支遁
지도림支道林→支遁
지둔支遁 60 100 106 129 167 182
지씨支氏 60
『직재서록해제直齋書錄解題』 24
진건陳騫 200
진계방陳季方→陳諶
진군陳群 83
진군陳君→陳寔
진기陳紀 83 97 112
진번陳蕃 78
『진사晉史』 62
『진서晉書』 12 69 189 208 212
진식陳寔 48 80 83 112
진심陳諶 83
『진양추晉陽秋』 215
진원방陳元方→陳紀
진위陳䫉 52 88
진유陳遺 47 87
진장문陳長文→陳群
진중군陳仲弓→陳寔
진진손陳振孫 24
진충陳忠 83
진태구陳太丘→陳寔

진효선陳孝先→陳忠
『집림集林』 18

ㅊ

차천로車天輅 217
채공蔡公→蔡謨
채모蔡謨 151
『청강소설淸江小說』 221
『청강쇄어淸江瑣語』 221
『청구야담靑丘野談』 221
초횡焦竑 74
최계규崔季珪→崔琰
최염崔琰 149
최자崔滋 211 214
최충헌崔忠獻 210
최치원崔致遠 13 206-207 209 241
『춘추春秋』 128
『춘추좌전春秋左傳』 40
치가빈郗嘉賓→郗超
치감郗鑒 121
치공郗公→郗鑒
치공郗公→郗愔
치사공郗司空→郗愔
치음郗愔 133 141
치초郗超 123 140-141 154 157 169
치태부郗太傅→郗鑒

ㅋ ㅌ

카와카츠 요시오川勝義雄 39
칸다 키이치로神田喜一郎 25

부 록 261

타카하시 스스무高橋亨 213-215
태도阮籍 85
태종太宗(唐) 208
태종太宗→司馬昱
『태평광기太平廣記』 23
『태평어람太平御覽』 23

㊎

『파한집破閑集』 211 213-214
팔왕八王 12
『패림稗林』 221
포기룡浦起龍 21
포조鮑照 17 37-38
풍태상馮太常→馮懷
풍회馮懷 60

㊍

하경용 235-236
하량준何良俊 74 216
하소何劭 189
『하씨어림何氏語林』 74 216
하안何晏 11
하양주何揚州→何充
하장유何長瑜 17 37-39
하종賀蹤 31
하증何曾 189
하충何充 100 157
하표기何驃騎→何充
하후현夏侯玄 233-234
학륭郝隆 53-54 180

학참군郝參軍→郝隆
한강백韓康伯→韓伯
『한국문학배경연구』 214
한단순邯單淳 54
한백韓伯 86 145 162
『한서주漢書注』 32
『한서漢書』 19 215 234
『한세설漢世說』 75
한수韓壽 199-200
한예장韓豫章→韓伯
함순咸淳 210 213
해좌칠현海左七賢 210
향수向秀 60 176
허소許劭 77
허순許詢 64 159
허씨許氏 116
허연許掾→許詢
허윤許允 160-162
허정許靖 77
허현도許玄度→許詢
현정선생玄靖先生 32
『현종실록顯宗實錄』 224
현종실록자顯宗實錄字 224-225 240
혜강嵇康 82 102 117 119 149-150
   157-158 170 175-176 178 215
혜공嵇公→嵇康
혜숙야嵇叔夜→嵇康
혜원慧遠 61 97 135 138
혜중산嵇中散→嵇康
호무보지胡母輔之 40 132

호무언국胡母彦國→胡母輔之
호응린胡應麟 9 63 70
『홍재전서弘齋全書』 9 220
화교和嶠 47
화흠華歆 83-84
환거기桓車騎→桓沖
환공桓公→桓溫
환남군桓南郡→桓玄
환랑桓郎→桓範
환무륜桓茂倫→桓彛
환범桓範 161
환선무桓宣武→桓溫
환온桓溫 38 53 99-100 123 125 140-141 146-147 169 175 186 195

환이桓彛 128
환제桓帝 78
환충桓沖 175-176 193
환현桓玄 12 38 96 192
황로직黃魯直 24
황백사黃伯思 19 23
황보항皇甫抗 210 213
회계왕會稽王→司馬昱
회제懷帝 12
『효경孝經』 86
효무제孝武帝→司馬曜
후경侯景 235
후지와라 스케요藤原佐世 209
『후한서後漢書』 77 122 215